智元微库
OPEN MIND

成 长 也 是 一 种 美 好

做个皮实的人

穿越人生的顺境逆境

何思平　著

人民邮电出版社

北京

图书在版编目（CIP）数据

做个皮实的人：穿越人生的顺境逆境 / 何思平著.
北京 ： 人民邮电出版社, 2025. -- ISBN 978-7-115
-68143-0

Ⅰ. B848.4-49

中国国家版本馆 CIP 数据核字第 2025WT8898 号

◆ 著 何思平
责任编辑 林飞翔
责任印制 周昇亮
◆ 人民邮电出版社出版发行　　　　北京市丰台区成寿寺路 11 号
邮编 100164　　电子邮件 315@ptpress.com.cn
网址 https://www.ptpress.com.cn
天津千鹤文化传播有限公司印刷
◆ 开本：880×1230　1/32
印张：7.25　　　　　　　　　　2025 年 9 月第 1 版
字数：164 千字　　　　　　　　2025 年 9 月天津第 1 次印刷

定　价：59.80 元

读者服务热线：（010）67630125　印装质量热线：（010）81055316
反盗版热线：（010）81055315

献给正在穿越周期的你

个人和创业企业，面对挑战时应该怎样应对？思平的这本书进行了诸多有价值的探索和积极建议，让人很有启发，值得一读。

王　石　万科创始人

下海30多年，我见过太多人因为"脆弱"倒下。《做个皮实的人：穿越人生的顺境逆境》这本书把"扛住"说透了——财富的本质是抗摔打能力，顺境修屋顶，逆境磨刀锋。这才是创业者该有的"皮实经济学"。

冯　仑　万通集团创始人、御风集团董事长

我曾多次从"在绝望中寻找希望"的人生中重启，深知心态的重要性。而这本书正是教你如何在困境中扎根、在打击中生长。我想推荐年轻人多读读这类书，因为真正的强大，就是要拥有把"脆弱"炼化成"皮实"的韧性。

俞敏洪　新东方创始人

我们终其一生都在与波动共处：市场会跌，机会会变，潮水会退。能走得远的人，都拥有"皮实"的能力——顺流不飘，逆流不垮。思平这本书用生动的案例与工具告诉你，这种能力，每个普通人皆可练就。

吴晓波 财经作家

顺境如春，逆境如冬，坚韧皮实的人能四季常青。这本书以浅显易懂的语言，运用积极心理学的智慧，助力你成为一个皮实的人，穿越人生的顺境逆境，活出心花怒放的人生！

彭凯平 清华大学教授、中国积极心理学发起人

人生其实很简单，只要找寻你最拿手、最喜欢的事物，保持自然、皮实的心态把它做到极致，无论做什么，没有不成功的。

蔡志忠 漫画家

皮实者生存——反脆弱时代的通关法则

　　很高兴你能打开这本书。这不是一本成功指南，更不是一碗"鸡汤"，而是一本帮助你在真实世界里更好地生存的实用手册。

　　真实世界中往往困难重重，而我似乎一道坎也没能躲过：刚毕业两年就遭遇经济危机被裁员；刚有些存款就被女友催婚，要在北京买房；刚创业一年业务有了点起色，最大的合作伙伴就突然离我而去……真实的生活有时就是这样变幻莫测，往往在不经意间，就让你措手不及。

　　那么问题来了：我们该如何应对这些不确定性，如何在命运的围追堵截中突围，又如何通过这些真实的人生关卡呢？

　　我不禁回望这 20 年的职场、创业和生活经历：被裁员之后，学历普通的我，竟然奇迹般进入了当时如日中天的搜狐，并在短短几年内成为移动商务合作的主负责人之一；即使最大的合作伙伴突然离去，也并没有击垮我们团队的信念，痛定思痛，我们决定南下深圳创业，我们从绝望之谷中爬起，到了第二年，公司的业绩不但没有下滑，反而翻倍，突破了一亿元！

这些经历让我不断反思：到底是什么，让我得以穿越重重关卡？最后我找到了答案——"皮实"！有一次，我向王石老师请教："创业 40 多年，经历了那么多人生起伏，您最大的感悟是什么？"王石老师回答："要有长期主义，从未来的视角看现在，勇敢去体验。只有做个皮实的人，才能穿越人生的顺流和逆流！"

是的，唯有皮实，我们才能在这场充满不确定性的生存挑战中，闯过一道道关卡。

这本书，正是围绕如何"做个皮实的人"展开的。

什么是皮实的人？皮实的人不是逆来顺受的"老好人"，更不是任人摆布的木偶。皮实的人敢于正面迎击生活中的不确定性，不惧"暴击"和失败，并且能够在一次次摔打中，变得更强大、更有韧性、更具弹力。这让我想起我在七岁时，曾至少五次被一个比我块头大的小伙伴摔倒在地，但每次我都站起来和他说："咱们再来一次！！！"

皮实，就是一种即使被生活"暴击"，也能迅速恢复，并变得更强大的反脆弱体质。

正如本书书名"做个皮实的人：穿越人生的顺境逆境"所揭示的，成为一个皮实的人，即便生活试图对你下狠手，它也无法得逞，而你反而会因此变得更加强大。你就如同电影中被丢入鼎中的哪吒，外界压力越大，反而愈加强大。正如尼采所说：那些杀不死我的，必使我更强大！

那么，如何成为一个皮实的人？

全书将通过三大篇推进剖析这一主题，分别阐释能力皮实、心态皮实、能量皮实（见图序-1）。能力皮实让我们成为强悍的生存者，创造更多的财富；心态皮实让我们远离内耗，哪怕身处充满不确定的环境，也能以从容的心态面对工作和生活；能量皮实让我们能量充沛，即使遭遇生命的"暴击"也能"扛住"，成为自己的英雄，活成自己生命里的光！

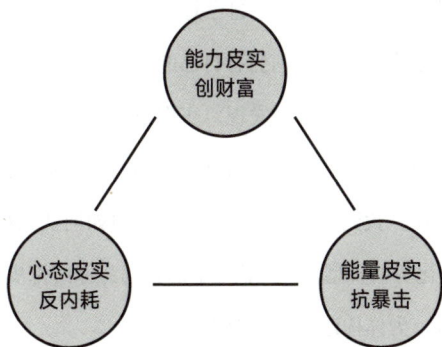

图序 -1　皮实生存法则

上篇：成为强悍的生存者

　　我们的现实人生，像是一场生存"游戏"。刚踏入社会时，我们往往一无所有，面临很多困难。在这种情况下，抱怨无济于事，逃避不可行，消极懈怠更不可取，唯有持续修炼自身的生存技能，才能让自己成为强悍的生存者！

　　诸多生存能力，往往都能助力我们创造更多财富。

　　我和很多资产超千万元的朋友，甚至数十位资产过亿元的商务人士进行过深度交流，尽管他们各自所处的行业不同，但他们都有一些共同的特质：他们很少人云亦云，对财富的本质和增长逻辑有清晰的认知；他们敢于突破内心财富的"卡点"，以开放的心态坚持学习，并能准确找到自己的差异化优势，在某一领域持续精进；当变化来临时，他们毫不畏惧，而是勇于转型。最后，他们都活成了自己想要的样子！

我从打工到艰难创业，再到拥有自己的资产，这一路走来绝非一帆风顺，也"踩坑"无数。最终，我发现，实现财富增长确实需要具备很多能力，这也是上篇的核心内容：揭示财富增长的底层逻辑，让你看清自己财务困境的症结所在；找到突破困境的方法，知道如何找到自己的差异化优势，并能随着变化勇敢转型。这些内容，都会助力你修炼皮实的生存能力，创造更多的财富，为你构建坚实的物质基础。

中篇：修炼反内耗体质

当我们掌握了足够多的生存能力，有了良好的物质基础，接下来，我们就将一起解决精神内耗的问题。即便有了一定的物质基础，如果一个人的精神世界脆弱不堪，没有良好的心态，那么他也依旧会活得很累甚至陷入内耗，难以收获快乐。

我们的心灵到底被什么困住了？是什么在我们尚未练就皮实的心态之时趁虚而入，建造了一个个"精神茧房"，不断加深我们的成见、贪念、痴迷和攀比之心，让我们深陷其中、欲罢不能、内耗不已？

初入职场时，我一度为自己严重的口吃苦恼不已，特别担心一说话就被别人嘲笑、奚落，这个自幼便存在的"伤疤"一直刺痛着我、消耗着我，让我苦不堪言。这不是我想要的状态。每个人在现实生活中，都可能会碰到各种精神上的困境并因此陷入内耗。

中篇的所有章节，都是为了帮你分析和解决"内耗"的问题。如果说上篇讲的是物质层面上的生存术，那么中篇讲的就是精神层面上的"反内耗"修炼术，它会助你清除精神垃圾、破除成见、摆脱内耗、重拾信心、勇敢向前，成为自己生命的导演！

回到之前提到的故事，后来我发现：原来自己之所以口吃乃至不敢开口，本质上是因为"过于在意别人的眼光和评价"。我认定了别人会因此嘲笑我，但这些其实都是"成见"，都是自我构建的"精神牢笼"。当我决定改掉口吃的毛病时，我听到一个声音在内心呼喊：什么成见，我不在乎！我开始用行动击碎恐惧：控制说话语速、复听录音、勇敢站上演讲台、开直播与陌生人交流……这些努力，让我的口吃一点点得到改善，我的自信也一点点被找回，最后，我甚至还拿到了一场演讲比赛的冠军。

其实，很多时候困住我们的烦恼都是"纸老虎"，只要能识破它、远离它，你就能从精神牢笼中跳脱出来，活得越来越轻松自信。

下篇：扛住命运暴击的能量法则

当你拥有了强大的生存能力和反内耗体质时，那么成为皮实的人的最后一步，就是提升自己的"能量"。在这场人生的游戏里，你没有充足的能量，就很难扛住命运的各种"暴击"。

我们做事情的原动力到底是什么？是跟随他人的脚步，还是找到自己的节拍？我们如何将"负能量"转化为前行路线上的"能量"？如何练就轻松"拿捏"万物的本领？这就是下篇要送给你的礼物。

小时候的我有很多偶像，从明星、媒体人到企业家，他们的确在某个阶段给了我很多力量，我甚至一度以他们为标杆来规范和约束自己。可20年之后，我才恍然发现：我成为不了任何人，所有外求都可能造成能量反噬，我只能成为真实的自己！

在此篇中，你会惊喜地发现：原来自己也是与众不同的。唯有找到自己真正的热爱，找到属于自己的时区和节拍，你才能拥有强大的动力源泉。你无须羡慕和仰望任何人，因为训练自己能量皮实的最好方式，就是在一次次摔打和淬炼中，让自己成为"曾经仰望的存在"。

与其活成别人的高仿品，不如做限量版的自己，只因你本就与众不同。

就在你阅读这本书时，我已经悄然开始了第三次创业。这一次，我不是为了追随他人，而是为了实现一个更大的梦想：我希望创作更多优秀的内容，让它们被全世界数以亿计的人看见，我对这件事情充满信心。正如本书最后一章所说：我们到人间走一趟，除了为了生存和体验人生，还可以勇敢地去创造，因为每个人，不仅能活成自己生命里的光，还可以照亮和温暖他人。

以上，就是这本书的主要内容。

你只要记住这简单的三点：能力皮实助你创造更多财富，心态皮实助你告别精神内耗，能量皮实助你扛住命运暴击！

最后，我真心祝愿你：能够成为一个皮实的人，哪怕在生活的不确定中，也一样可以创造更多的财富、不再内耗、能量满满，赢得这场人生的"游戏"，活出属于自己的精彩。

此刻，请你打开这本书，开启属于你的英雄之旅吧！

目录

上篇

成为强悍的生存者

从 0 到 1:
财富增长的底层密码

赚钱似乎很轻松

我参加过一个旨在促进创业者交流分享的训练营。该训练营成员由从一千多名创业者中选出的 50 位组成，主要是"80 后""90 后"青年创业者。他们会在深圳梧桐山进行集训，历时五天四夜。集训的一个环节叫"秘密武器"，就是让每位营员用五分钟展示自己创业成功的秘诀。在上场之前，我以为自己沉浮商场多年，也算是有点战绩了，但等大家轮番登场，纷纷亮出自己的"撒手锏"之后，我才发现，和他们比起来，自己的那点成就根本不值得一提。他们在台上口若悬河、滔滔不绝，听得我热血沸腾，内心深深佩服这群青年才俊。

也是在那段时间，我去德国慕尼黑学习考察，与我同行的是另一帮互联网创业者，他们中的很多人，每年都能创造几百万甚至数千万元的收益。我清楚地记得，当聊到企业的发展时，德国中年导游用钦佩的眼光看着这批来自中国的年轻创业者，竖起了大拇指。他说，在德国，早已没有这样的创业机会了。

当时我就在想，虽然这些创业的"秘密武器"千差万别，但在这些年少有为的创业者背后，是否存在更底层的创业逻辑？他们到底是如何快速积累财富的呢？

他们是如何快速积累财富的

进一步观察后，我发现身边的创业人群主要集中在互联网、科技、金融等领域。就我所在的互联网行业而言，有不少人在短短几年时间里，就创造了千万级的收益。

他们又是怎么做到的呢？

以我熟悉的移动互联网领域为例，2010 年起，智能手机的用户数量开始爆发式增长，每年用移动设备上网的人数以亿级猛增，使该行业在短短几年之内就形成了一个庞大的市场。每天都有数亿网民在这个网络里聊天、购物、看新闻、刷视频、点外卖等。而在这期间，只要你做了和移动互联网相关的生意，就很可能赚到比传统行业更多的利润。

例如，当时我参与的应用程序推广项目，主要负责帮助众多应用程序在各大应用商店推广，实现用户下载安装。当时各应用程序开发商为了争夺市场，每年要投入千亿级的推广费用。正逢智能手机用户迅猛增长时期，刚买手机的用户都要下载许多应用程序，假如用户下载一个应用程序可以创造 0.1 元的净利润，如果一天内各应用商店有 100 万用户下载此应用程序，一天就能创造 10 万元的净利润，应用程序开发商一个月就能净赚 300 万元。

我身边就有不少这样的应用程序开发商。他们在赚到第一桶金之后，将部分资金用于产品的研发升级，部分用于投资，而这些投资在几年内又给他们带来了丰厚的回报，使他们的收益水平再次得以跃升。

再以我喜欢的帆书为例，这是樊登开发的一款付费听书应用程序，每个会员每年支付约 365 元，就可以听一年的书。虽然用户为此支付的成本不高（每天 1 元），但是如果有 1000 万付费听众，该应用程序一年的营收就可达到 36.5 亿元，因其成本并不算高，所以有相当可观的利润。

不仅是个人，许多如今家喻户晓的公司，如微信、字节跳动、美团、滴滴、小米、拼多多等，也都是抓住了移动互联网发展的良机，从而快速崛起，实现了市值的巨大跃升。这些公司在赚到第一桶金之后，又开始了更大规模的投资、并购，并因此获得了更大的收益。

你看，在发展的潮流中，抓住机会非常关键。

然而，这似乎还未触及财富大增长的核心逻辑。那么，其中的"密码"到底是什么呢？

财富大增长的核心密码

让我们再进一步思考：如果没有先进的通信设备、智能手机，那么移动互联网就不可能出现；如果没有发达的海陆空交通网、没有移动支付技术，那么快速物流和便捷支付就不可能实现。哪怕创业者个人的"秘密武器"再强大，在缺乏上面所提条件的情况下也发挥不了作用，企业的快速发展也就不可能成为现实。

查阅世界历史时，我惊奇地发现：人类历史上经济增长的重大拐点，无一例外都出现在大规模的技术革命之后（见图1-1）。蒸汽机、电力和内燃机，以及计算机技术的诞生与成熟是三个重要的里程碑（对应三次工业革命），每一次都带来了经济的大增长，而在工业革命前的几百年的时间里，无论东方还是西方，世界经济都没有实质上的增长，人均国内生产总值（GDP）长期徘徊在一个非常低的水平，停滞不前。英国经济学家安格斯·麦迪生在研究千年来的世界经济时发现：1820年前世界人均GDP增长幅度极小，大部分增长发生在1820年以后。1820—1998年，世界人均GDP增长了8倍，这和技术革命发展的时期正好吻合（见图1-2）。

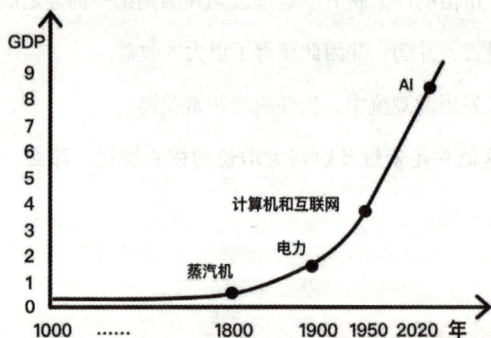

图 1-1 技术革命和世界财富增长趋势图
（数据来源：美国银行全球投资策略部-全球金融数据）

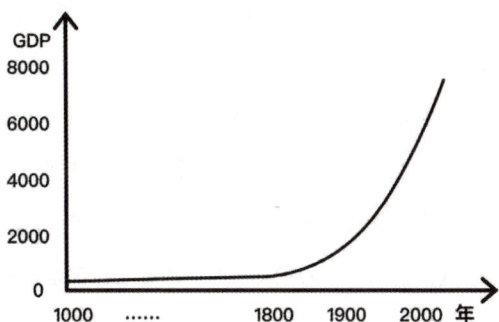

图 1-2　世界人均 GDP 增长趋势图

（数据来源：国际货币基金组织）

因此，财富大增长的第一个密码是技术革新。

如果蒸汽机没有被应用于纺织业，那么织布就只能靠手工作坊；如果以蒸汽为动力的轮船没有出现，那么船只也只能靠季风航行。技术革命让生产效率得到了极大提升。假如蒸汽机发明前生产 1 吨布，需要 100 个人工作 100 天，那么蒸汽机发明后，1 个人 1 天就可以生产 1 吨布，生产效率提高了 1 万倍。正是因为蒸汽机被发明且在英国被率先应用于纺织、航海等产业，大大提高了生产效率，英国才生产出了有全球竞争力的商品，并利用轮船实现了全世界范围内的产品销售。因此，英国得以崛起，成为当时名副其实的"日不落帝国"，也是当时世界最富裕的国家之一。

同样，只有第二次工业革命在美国发生，电力及内燃机得到推广和应用后，才诞生了像通用电气、标准石油、美国钢铁、福特汽车这样的巨无霸公司，美国才一跃进入世界主要强国行列。约翰·戴维森·洛克菲勒、安德鲁·卡内基、亨利·福特这些创业家，也正是抓住了技术大变革机会，才成为 20 世纪的企业巨头。

至于延续至今的计算机革命，读者就再熟悉不过了，当代的比尔·盖茨、黄仁勋、埃隆·马斯克、杰夫·贝佐斯、马克·扎克伯格等创业家，和这次革命密不可分。而中国的马化腾、丁磊、张一鸣、黄峥等创业家，无一不是抓住了这次技术革新的机会。他们的成功，都是在移动互联网技术兴起的背景下取得的。

技术革新的直接结果，是生产效率的极大提升。生产效率的极大提升，则直接带来了大量物美价廉、有竞争力的商品。那么，有了物美价廉的商品后，接下来该怎么办？

没错，需要开拓更大的市场，把商品成规模地销售出去。

因此，财富大增长的第二个密码就是：规模化销售。

或许你的产品很有竞争力，可如果不能实现规模化销售，或是只能在一个狭小的市场里销售，那么你的创收能力也会大打折扣。

如果第一次工业革命后，英国厂商用蒸汽机生产的布匹仅能在英国销售，那它的市场之狭小可想而知。同样，如果苹果手机只能在硅谷销售、比亚迪汽车只能在深圳销售，那它们的市场空间就极其有限了。

有竞争力的商品，需要进入更大的市场，进行规模化销售，让更多人购买和使用。而商品生产者要进行规模化销售，就要拓展更广阔的市场，乃至让商品"出海"，卖到全世界，因此全球化就成了经济发展的必然趋势之一。因为只有这样，商品生产者才能获得更多的利润，创造更多的财富。

近些年，"出海"成了一个热门词。我有一些做跨境电商的朋友，正是因为掌握了良好的供应链资源，能够提供具有全球竞争力的商品，加上全球化网络渠道多样，才在近几年取得了巨大的成功。从本质上讲，有竞争力的产品和全球化渠道，帮助他们实现了全球规模化销售。

现在你已经知道，在技术创新的加持下生产出满足用户需求、有全球竞争力的产品，并且能规模化销售自己的产品或服务，是实现财富大增长的其中两个核心密码。

这两个核心密码的有效性，可以通过很多实现财富大爆发的个人、企业的经历得到印证。试举一例，你就明白了。

微软正是借助计算机革新的浪潮，研发出了有竞争力的软件操作系统，才实现了大幅财富增长。随后，微软决策层人员又想尽一切办法让产品销售规模化，致力于"让每一台电脑"都能安装他们的系统。时至今日，微软这家已经成立了半个世纪的公司，仍是世界上最具价值的公司之一，比尔·盖茨也曾连续多年蝉联《福布斯》全球富豪榜榜首。

而以我身边很多通过互联网实现了财富大幅增长的企业家为例，他们的个人能力强只是一方面，而更重要的是，他们顺应了"移动互联网"这波技术革新的浪潮。而他们的财富大增长，正好体现了上文所讲的两个密码：一是技术革新，二是规模化销售。

技术革新带来了有竞争力的商品，规模化销售则把它们卖到了更多消费者手中，在这个过程中，企业和创业者除了开始大量积累财富，还将积累的财富用于再生产和投资，进一步创造了更大的财富。

财富的积累和有效投资，是财富大增长的第三个核心密码。

财富的积累和再投资，也就是俗话说的"钱生钱"，以此为重要基础，甚至产生了"金融""投资"等行业。从 20 世纪初的约翰·皮尔庞特·摩根①，到至今还健在的"股神"巴菲特等金融巨头，就是通过专注经营这些领域，实现了财富的持续大增长。

只要累计存量资本的基数足够大，哪怕收益不算太高，其所产生的投资回报，也能达到相当大的值。

我就读商学院时，在一堂理财分享课上，有个同学说自己今年的投资回报率达到 10%，这是一个很不错的数字，他的本金是 100 万元，按照投资回报率 10% 计算，年利润就是 10 万元。而另外一位曾是某上市公司的股东之一的同学则说，自己采用稳健性投资风格，虽然投资回报率只有 5%，但因为他的本金是 2 亿元，所以他平均每年有 1000 万元的收益。

这是个很明显的例子：拥有一定规模的资金，加上行之有效的投资理财，就是财富大增长另一个重要密码。

总结一下，财富大增长的三大核心密码分别是技术革新、规模化销售、有效投资。你可能会在心底嘀咕：说了这么多，好像都和我个人的财富增长关系不大啊。

当然不是这样。其实，只要懂得了这些财富增长的密码和其中的逻辑，我们就可以远离"暴富狂想症"。

---

① 约翰·皮尔庞特·摩根（John Pierpont Morgan），美国金融家，是摩根大通（JP Morgan Chase & Co.）前身 J.P. 摩根公司的创始人。——编者注

暴富狂想症

每次来到旅游景点的许愿树下，你都能在树枝上看到很多游客挂的许愿牌，而其中最多的一条心愿，很可能就是"今年要暴富"。我非常尊重和理解每个人的愿望，想要发财，这无可厚非。

虽然"想暴富"的想法并没有什么不对，但如果能以更理性的方式，看到财富增长的底层逻辑，我们兴许能少些盲目和从众，多些人间清醒；少些人云亦云，多些独立判断。实现财富自由的方法从来不是刮刮彩票、碰碰运气，而是看懂财富增长的逻辑后再采取的理性行动。

你可能会说："谁不想抓住技术革新时代的机会、实现产品规模化销售、完成自己的财富逆袭呢？但机会却似乎从未眷顾过我。"而我想说，其实，每个时代都有实现财富大增长的机会，每个人都有实现财富大增长的可能。

拒绝"暴富"狂想症，做清醒的大好青年

每个人都可以从前文财富大增长的三大密码中获得一些启示。如果想实现财富增长，要做的就不是在许愿树上挂个"暴富"的许愿牌，也不是买彩票，而更像是去进行一场策略游戏。只要能通过以下三关，你对快速创造财富的理解就将大大加深（见图1-3）。提前祝你好运！

抓住信号

学会理财

微创新+规模化

图 1-3 成为大好青年的三大途径

第一关：敢于抓住时代信号

每个时代都有机遇，例如，20 世纪八九十年代，那些敢于"下海"、敢于去深圳闯荡的人，如果坚持下来，其财富就很可能比同时代没有选择"下海"的人高出数十倍。再比如，在抓住了互联网这一波浪潮的创业者中，也有不少人实现了财富的大跃升。而在目前已经开启的 AI 时代与蓬勃发展的出海业务中，也一定蕴含了大量创造财富的机会。

在这一过程中，我们需要灵敏地感受时代的脉动，调整自己的姿态，把人生规划调到随时可以迎接变化的"测试模式"，积极学习新知识，拥抱时代变化，储备充足能量，为机会的到来做好准备。

20 年前我刚工作时，在电视媒体做策划工作。虽然那时互联网刚兴起不久，但是我明显感受到，人们在网络上花的时间越来越多了。我觉得这应该是一个好机会，于是果断决定转行，投身互联网领域，算是抓住了互联网浪潮的一波机会。而那些曾经信誓旦旦说要转型的同事之中，却鲜有将想法付诸行动者，很多人至今还困在式微的传统媒体行业里，而对他们来说，此刻再想突破就更难了。

第二关：微创新＋规模化＝"王炸"，自己创造暴富机会

虽然对于绝大部分个人来讲，像梁文锋[1]一样取得某项重大技术突破或许不太可能，但是"微创新"的机会人人都有。只要找到自己的差异化特征，找到自己的独特优势，在产品或服务上进行"微创新"，提供别人不能提供的价值，并且使之规模化，同样可以实现财富大增长。

例如，2000年前后，纯净水市场已经较为成熟，市场上已有很多纯净水品牌。而一个成人大专毕业、已在商海中摸爬滚打多年、近50岁的中年男人，发现天然水源才是更有益健康的水。他决定走一条差异化创新路线，首次推出了天然水这一产品，其市场份额在推出当年就反超娃哈哈和乐百氏，自此一骑绝尘。他就是农夫山泉的创始人钟睒睒，他的"微创新"让农夫山泉上市后成为市值三千多亿元的公司。

与其在存量市场中内卷，不如重新定义赛道规则，进行差异化微创新，这是普通人实现财富增长的重要杠杆。

---

[1] 中国人工智能与量化投资领域的标志性人物，深度求索（DeepSeek）的创始人兼现任首席执行官。——编者注

第三关：理财不是选修课，而是赢家的必修技能

做好理财计划的前提，是有财可理，因此，我们一定要重视财富的积累。在成功实现财富积累之后，就像俗话说的，"如果不会理财，那么财也不会理你"，你的财务状况依旧无法持续得到改善。据统计，美国所有中彩票大奖的幸运儿，在 10 年之后，生活水平几乎都回到 10 年前，其中一个重要原因，就是他们没有明确的理财计划。

实际上，每个人都应该根据自己的风险偏好，制订一个切实稳妥的理财计划，而不是盲目投资。除了学习一些基础的理财知识，如果你有更多的资产（如超过 50 万元），最好咨询专业的理财顾问，结合自己的实际情况，给自己制订一个合理的理财计划，而不是凭借自己的感觉理财。

实现财富自由要面对的终极考验，从来都不是能否提高赚钱效率，而是能否对抗人性的"自动巡航模式"。请你记住这个公式：每月 20% 的强制储蓄 + 通过专业理财实现的复利 = 跑赢 90% 同龄人的财富雪球。那些中彩票却返贫的案例，都在警示我们：没有认知托底的财富，终究是"过路财"。

请相信，掌握以上几点秘诀后，你的理财思路就会清晰起来，你的财富基数也能获得大幅提升。请一定记住：会赚是本事，会存是格局，会投才是赢家。

在时代的热潮里，机遇总是很多，有丰厚的物质基础托底是让自己变得皮实的过程中相当重要的一步，这也是我要把这篇文字放在最开头的原因。

然而，想要具备足以为自己的人生托底的财富基础，仅懂得这些还远远不够，因为很多人都会碰到许许多多的财富"卡点"，这是我们接下来要解锁的内容。

财富增长卡点：
99% 的人都会遇到

我想告诉你一件事：那些你想都没想过的事情，大概率是永远不会发生在你身上的。

2009 年年底，我第一次到深圳出差，顺便去拜访了两位在做生意的老同学。一位说，自己刚接下一个单子：虎门大桥路牌标识项目，标的600 万元。另一位当时正在淘宝做电商，当我们在他位于深圳的大房子里喝茶时，我问他今年营业额如何，那个老同学轻描淡写地说了一句："差不多 2 亿元吧。"说实话，那一刻我真的感到了震惊，端起的茶杯都仿佛重了许多。

当时的我，月薪是 8000 多元，除去房租等开销，每月还剩三四千元，自己还感觉挺满意，毕竟和毕业时 2000 多元的月薪相比，已经高出很多。然而这次见面却像一记重锤，把我头脑中井底之蛙般的安逸砸得粉碎。我掐指一算，这位老同学一年的营业额，比得上我一辈子赚到的工资。

财富的卡点

在这之前，我压根不敢想在北京买房，更没想过一年赚上百万元。月薪几千、租住在破旧老小区、天天挤着地铁通勤三小时的我，支撑不起太大的梦想。如果说当时的我有梦想，最多也就是多涨点工资、租个更大点的房子、住得离公司近一点罢了，哪敢有什么更大的奢望啊。

连想都没想过的事情，大概率是不会发生的。正如《秘密》一书中提到的"宇宙订单"①：如果你连下单的勇气都没有，又凭什么期待送货上门呢？

那到底是什么在阻碍我们实现想法呢？在心理学中有个术语，叫"限制性信念"，是指那些阻碍个人成长、发展和实现目标的消极信念或想法，而那些限制我们相信自己能实现财富增长的消极信念和想法，正是我们财富增长的"卡点"。

我们来看看，财富增长到底被你的什么想法卡住了。

财富被什么想法卡住了

我曾上过一堂与财富和信念相关的课，老师在整整两大张纸上，列举了累计 60 多条关于财富的消极信念，向同学们展示，并询问他们这些信念是否与他们的想法相符（见图 2-1）。下面我随便列举几条：

---

① 书中提到"当你有某种持续性的想法，它会立刻被传送到宇宙中"，类似于向宇宙发送订单，此处为本书作者的比喻。——编者注

√ 我天生就不是赚钱的料

√ 做喜欢的事是赚不到钱的

√ 赚钱必然辛苦

√ 我不配拥有太多钱

√ 钱是有定数的

√ 有钱人都傲慢自大

√ 如果我有钱了，别人就会对我不真诚

√ 钱买不到健康和快乐

√ 我不善于理财

√ 钱会让别人嫉妒我

√ 我有品格，视金钱如粪土

√ 钱是万恶之源

√ 钱花出去就不会再回来了

√ 不可能每个人都有足够的钱

√ 我的投资总是赶不上赚钱

√ 为富者不仁，有钱会变坏

√ 有钱人都是通过不正当手段，而不是通过努力和智慧获得财富的

·············

图 2-1　财富的限制性信念

　　请你对照一下这些信念，然后坦诚地问自己：这些信念中，我拥有多少条？需要提醒你的是，这个测试并没有所谓的对错，更不涉及道德，它只是一个简单的测试而已。如果确实有很多条与你的想法相符，那么说明你内心深处确实有很多财富限制性信念，这些"思维钢印"如同一圈隐形的栅栏，把你的人生圈禁在安全区内。可讽刺的是，真正的风险恰恰来自"绝对安全"，因为它可能会极大地阻碍我们创造更多财富。

　　在那次课上，有几个已经实现财富自由的同学反馈，上面列举的想法基本没有在他们心中出现过，只有零星数条被言中了。而其他同学则表示，自己或多或少产生过与这些信念类似的想法。由此可见，人和人对于财富的观念，差别还是很大的。

　　这些财富限制性信念，到底是如何形成的呢？它和我们的成长环境、个人经历、文化背景等，都有非常微妙的联系。

　　限制性信念是如何形成的？

　　不经反思的受挫体验和经历，会导致限制性信念。

比如，有些不甘于打工的人尝试创业，遭遇第一次失败时，或许只是感觉有点受挫；而当他们重拾信心，尝试第二次创业时，却又失败了。于是在他们的内心，就渐渐形成了"创业不适合我"的想法和偏见，也就再也不想尝试创业这件事了，只能灰溜溜地回到职场继续打工。

然而，这些人可能都没深入思考过：自己为什么创业失败？是创业时机不对，还是经验不足？是自己缺乏某些方面的能力，还是没有找对合伙人？苏格拉底曾说：缺乏省察的生活根本不值得过。

当遭遇失败或困难时，我们可以先停下来，反思一番；不要被失败击败，也不要被悲伤限制，而应总结教训，重新站起，为下一次尝试做更充分的准备。

前几年，我刚开始自学滑板时，总感觉滑不好，还总是摔跤。身边滑过滑板的朋友说，他们曾有严重摔伤乃至骨折的经历；而从没滑过滑板的朋友更喜欢"补上一刀"：滑板的尽头是骨折！！！听到这些话后，你还要不要继续滑呢？如果一个人内心坚定，就不会被这些言论裹挟。因此，我静下心来，总结自己滑不好的原因，并在此基础上继续多加练习，结果不出两周，我就真的可以滑起来了。学会了基础的滑板技巧后，有一次我和朋友们去学冲浪，因为大家都是新手，我的朋友们都有些害怕，所以花了很长时间也无法在冲浪板上站起来，而我竟然能很轻松地掌握冲浪入门技巧。事实证明，在这个世界上，从没有徒劳的反思和总结。

信息茧房的影响

虽然我们遨游的互联网看似无边无际，但事实上，现在绝大多数网络平台都会根据你浏览的内容推送那些你偏好的内容，让你看到你喜欢的、你想看的内容，这就是所谓的"信息茧房"。这是因为这能使平台获得更长的用户停留时间，并提高其变现能力。因此，在一定程度上，网络平台其实并没有给予我们更大的自由，而是限制了我们的视野。

再说"圈层"。人们往往容易和与自己水平差不多的人交往。商业哲学家吉米·罗恩说：你的收入水平是你经常接触的五个人收入的平均值。请你想想看，你平时接触最多的五个人是谁？如果你计算一下他们收入的平均数，就会发现所得数值确实与你的收入差不多。圈层也可能会影响我们的投资决策，如股票投资，因为你会参考自己所在圈层的人的投资建议，然而他们的建议可能只代表了一个非常有限的局部视角，甚至可以说，你所在的圈层本身很可能也是一个信息茧房，而你的决策水平几乎不会超过你所在圈层的平均水平。事实上，财富投资需要考虑的因素非常多，就拿股票来说，行业趋势、标的公司情况、财务报表等，都是影响因素。投资是一项非常专业且系统的工程，不是单凭来自"圈层"内的建议就可以轻松决策的。

以上这些因素，加上上文提到的"不反思"，都是我们财富限制性信念的重要成因。

那么，是否这些限制性信念一旦形成，就无法被破除呢？当然不是。其实，通过持续尝试、总结经验每个人都可以破除自己关于财富的限制性信念，获得更大的发展空间。以下几种方式，能够帮助我们破除财富限制性信念，助力我们创造更多的财富。

如何打破财富限制性信念

首先，承认贫穷不可耻，固穷才可怕。

每个人都会有限制性信念，这并不可怕，重要的是，我们首先要意识到，是哪些限制性信念限制了自己。例如，可以看看自己是否有上文列举的一些财富限制性信念，并认真梳理一番。承认贫穷并不可耻，而觉察那些限制我们财富增长的信念，是我们摆脱贫穷的第一步。在觉察限制性信念之后，还需要进一步反思，以了解这些信念到底是如何形成的。当清楚地知晓其形成的原因后，就有了改变的可能。

举个例子或许更容易理解：曾经有一两年，我特别想尝试跨境电商生意，却迟迟不敢行动。坐下静静思考后，原来我的卡点是：我认为自己的英语水平一般（通过大学英语四级都费劲），担心做跨境业务时有很多地方需要用到英语，所以一直不敢行动。后来我发现，其实做跨境电商并不需要非常好的英语，甚至有些不懂英语的朋友，跨境电商生意也能做得风生水起。

再比如，我在老家有两个表弟，他们的经济条件都很拮据，两人大专毕业后都来深圳打工。一个表弟极为节俭，除了自己基础的吃、穿、住开销，几乎把赚的每一分钱都存起来，往家里邮寄。然而，他不愿学习、墨守成规、不愿自我迭代，业余时间常常闷在宿舍。而另一个表弟则把自己赚到的一部分钱用于持续的自我投资，成功通过了专升本考试，还学习了新技能，并且常常结交新的朋友。五年之后，前者确实也有了十几万元的存款；而后者则通过持续投资自己、不断更新迭代技能，成为一家公司的销售总监，一年就能赚 20 多万元。前一个表弟表现出的停滞不前、不愿投资自己、过度节俭、害怕投资、欠缺长远考量等，都是阻碍财富增长的"限制性信念"。

限制性信念是我们自己给自己戴上的"紧箍"，只要能看到它并摘下它，就可以获得更多的可能性和财富。正如《穷爸爸富爸爸》中的富爸爸所言，我们需要打破"过度节俭""金钱是万恶之源""我买不起"这样的观念，并想象富裕的各种好处：可以帮助更多人、消除更多的不幸……从而有信心持续投资自己，实现财富自由。

其次，睁眼看世界，勇敢去体验。

无论是身体，还是心灵，都应该行万里路，而不是蜷缩在一个狭窄封闭的空间，或是被束缚在一个"信息茧房"里。世界那么大，每个人都应该走出去看一看。

我在读大学之前，从未走出过江西新余这座赣西小城。大一下学期，在去武汉的列车上，我突然产生了一个想法：我想去中国各地看看。我并没有因自己是个"穷小子"而担心，因为当时全国各地都有我的同学，我偶尔还能拿点奖学金，很多景点门票和车票对大学生也只要半价。于是，我开始了"穷游中国之旅"。结果大学毕业前，我竟然已经去过了分布于全国 20 多个省级行政区的 50 多座城市。等到 2013 年，我花了 10 年时间，走完了包括港澳台在内的分布于中国 34 个省级行政区的上百座城市。这些"穷游"，极大地丰富了我的生命体验，是我在青春时期，最不留遗憾的一件事情！

在前文提到的那次深圳之旅前，我的梦想被限制在拥挤的北京地铁里，我不敢想象自己有机会创造更多的财富。但那次深圳之行，让我之前根深蒂固的限制性信念有了一丝松动。那次从深圳回来之后，我立马尝试自己开了一个网店，有一天竟然赚了 1000 元，这更提振了我的信心，成为我后来创业的重要导火索。

我并不是在说自己有多厉害，而是想说：哪怕在贫困之时，我们也不能让自己的"眼界"贫困，而要**勇敢走出信息茧房，让见识给雄心续费**。只有勇于尝试、开阔眼界，我们才能产生一些新的思路和想法，拥有创造更多财富的可能性。

最后，在实践中，持续迭代财富信念。

我们以为已经被破除的限制性信念，随着时间的推移和场景的变化，有可能变成另一种"限制"。这时，我们就需要在实践中，持续迭代自己的观念。

例如，对于"赚钱"，时至今日，我的观念都在持续迭代。

刚开始利用业余时间做副业时，我发现只要努力、只要加班加点、只要勇敢尝试，就有机会赚更多的钱。我也确实通过这种方式尝到了一点赚钱的滋味。后来，我尝试创业，在赚到了人生的第一桶金后，我真的感觉有点"飘"，感觉自己无所不能。

我信誓旦旦，准备在电商运营领域大干一场，结果尝试了近两年，不但没有赚到钱，还亏了一些钱。后来，我和几个合伙人反思，发现这次失败中最重要的核心问题是：时机不对。如果提前三年做同样的事，我们就很可能会成功。

这个失败的项目，让我成功收获了一个认识：在与"创业"相关的信念中，"勤奋努力"是基本条件，而"把握时机"也极为重要。后来，我关于创业的信念又叠加了"在自己擅长的领域""找到志同道合的合伙人"等。可见，观念是在持续的实践中不断迭代完善的，它并不是一成不变的。

毫无疑问，我们不能闭门造车，也不能墨守成规，而应该与时俱进。这个世界在持续变化，因此，我们需要在行进中，不断完善和迭代观念，使其不被限制。这就像在战争中，我们需要不断调整火炮的角度，才能精准地命中目标。这也正是概率论中的贝叶斯定理所揭示的：真正的赢家不是预判最准的人，而是修正最快的人。

任何信念，只有真正地呼应当下，才能让我们更好地适应当下的形势，创造更多的财富。贫穷留给人的最大后遗症不是缺钱，而是"缺胆"——缺把"我想要"说成"我值得"的胆气。你只有拆除了自己思维中的限高杆，才会发现：财富自由的第一课，从来不是学习理财技巧，而是获得允许自己"贪婪"的勇气。

请记住：只有破除内心的限制性信念，我们才能真正靠近财富！

此刻，我们已经厘清那些限制我们财富增长的"卡点"，这也正是让我们变得皮实的关键点之一。同时，我们也了解了一些打破限制性观念的具体方法。然而，要做到真正的改变，其实并没有那么容易。如果我们想要创造更多的财富，有一个特别重要的前提，那就是"打开"。

打破封闭陷阱：
比金钱更重要的生存装备

　　"爸爸，你快看，今天的云朵在玩变身游戏呢！"一个秋日清晨，我送女儿去幼儿园，女儿蹦跳着指着天空的乌云说。我望着阴沉的云层叹了口气，因为我不喜欢阴天，于是便顺口问女儿："你喜欢阴天、晴天还是雨天啊？"她想都没想就回复道："我都喜欢啊！"我追问她为什么，她绘声绘色地说道："阴天凉爽，晴天温暖，雨天可以去踩水玩……哈哈哈！"说罢，她轻快地迈出脚步，跨出了家门。

你瞧瞧，孩子天生就处于一种"打开"状态：没有束缚，没有限制，没有成年人那些刻板的是非对错观念，就像一张还没有着色的白纸，成年人反而很难活成这样。

成年人常使自己困在非黑即白的情绪茧房里，难以挣脱。

一天晚上，一个好友来我家小聚，喝了点小酒后准备回家，于是叫了个代驾司机。师傅接到订单后匆忙赶来，却被小区保安给拦了下来，说得先查明身份，问清楚是哪户叫的代驾，确认完毕后才可放行。代驾师傅急着赶单，反复吼着："订单要超时了！订单要超时了！"还没等保安确认就想闯入地库，结果和保安争执了起来。

我拿过朋友的手机，要和代驾师傅沟通，希望他把手机交给保安，让我来和保安解释。结果，只听到听筒中传来急促的吵闹声，代驾师傅根本没有听我说话，还把电话给挂了……等我们下楼赶到小区门口时，事情竟然已经发展到了需要呼叫 110，叫警察来调解的地步。

一个本来很快就能解决的问题，却因为代驾师傅"听不进去"，弄得鸡飞狗跳，不仅他自己没有完成订单，还浪费了很多人的时间和精力。

为什么会这样呢？

因为在争吵爆发的那一刻，代驾师傅的激愤情绪就使他进入了一种"完全封闭"的状态。当情绪接管理智，人的耳朵就会变成单向阀门：只允许愤怒喷涌，不容道理流入，也就根本听不进甚至听不到任何人的解释和建议，完全被情绪裹挟和控制。**这恰好印证了美国经济学家穆来纳森在《稀缺》**[1]

---

[1] 该书为穆来纳森和埃尔德·沙菲尔合著。——编者注

一书中的发现：当大脑"带宽"被焦虑情绪占满时，其处理突发状况的相对效率会骤降 30% ~ 40%。其实只要在那一刻，代驾师傅能停一停，冷静下来，把电话递给小区保安，让我和保安解释一下，事情就能快速解决。

所以，一旦陷在"情绪茧房"里不能自拔，被困在思维的陷阱中，这种状态就将带来很多糟糕的后果，而贫困正是其中之一。

封闭带来的持续贫困

穆来纳森在《稀缺》一书中指出：当人的注意力被"稀缺资源"吸引时，就会导致其认知和决策的局限。这就会让人像通过一根管子看东西一样，视野变窄，从而忽略其他重要信息。他把这一现象命名为"管窥"。

举个例子，你就能清楚地理解"管窥"是什么：当人们面临金钱紧缺的困境时，注意力就会自动聚焦在稀缺的金钱上，而忽略更重要的事情，从而做出一些短视行为。比如，一些人特别关注商品价格，为节省开支，他们更喜欢购买便宜但质量更差的产品，而不会考虑因频繁更换而可能带来的更高成本。

2019 年诺贝尔经济学奖得主阿比吉特·班纳吉也在《贫穷的本质：如何逃离贫穷陷阱》一书中，揭示了贫穷的本质：除了最基础的医疗、教育资源匮乏，贫穷对人最大的负面影响，是它导致了认知的封闭和局限。它让人变成了"认知近视眼"，只能看见脚下的三寸地，带来诸多短视行为，使人很难做出长远的规划。

以上内容，都在印证一个道理：导致贫困的是认知局限、思维封闭，这会让我们的视野变得狭隘、行动变得短视，而忽略一些更为重要的事情，从而导致我们在贫困的陷阱里难以翻身。

例如，一些外卖员为了快速完成订单，很容易忽略交通安全。每年的交通事故中，都有相当比例是这类原因造成的。前面提到的代驾师傅也一样。在接到订单后，他的头脑中就只剩下了一件事：赶快完成订单。这让他忽略了门卫阻拦、业主确认这些重要因素。而一旦被阻拦，他就一下又陷入情绪的"管窥"之中，头脑中瞬间变得只有情绪，他深陷其中，不能自拔。此刻，他又忘了更重要的事情：不是赢得争吵，而是想办法解决问题，完成订单。

人一旦在封闭的状态里待久了，就容易陷入思维定式，不愿意去改变和创新，从而引发更大的危机，导致更严重的贫困。一个人是这样，一个企业也是如此。

比如，诺基亚曾经是手机界的绝对龙头，但当触屏手机风潮来临之时，它却固守传统键盘手机，未能及时转型，最终被触屏手机全面取代。

打开自己，走出去，就有机会

打破自我封闭的牢笼，走出去，打开格局并提升思维，你就能看到更大的世界，看到更多的机会和可能。如果你还能创新想法并付诸行动，就很有可能创造更多的财富。

在开始从事商务工作后，我经常有机会到深圳出差，而与深圳合作伙伴的见面，为我打开了另外一扇窗，其中的风景，是曾经做策划工作的我看不到的。这大大拓展了我的思维和视野，让我觉得人生还有很多可能性；我也看到不少同行，年纪轻轻却创造了大量的财富，这些都给我带来了巨大的震撼和刺激。于是，2013年3月，我主动向前公司上级请缨，到深圳设立商务办事处，这也是我后来自主创业的前奏曲。后来，因为正好碰到一个好年代，创业比较顺利，我也因此实现了人生的一次小小"逆袭"。

我在搜狐负责商务工作期间，有个名不见经传的小公司，推出了一款叫"今日头条"的产品，包括 BAT[1] 在内的很多门户网站对此都不以为然，甚至根本瞧不上它。因为当时的网络新闻行业都已习惯了一条老路：以"门户网站"的方式集中分发新闻，即从各处搜集整理新闻，由编辑整理后，再推荐发布。

但是，这家当时的小公司却独辟蹊径、打开思路，不囿于之前的新闻发布方式，而是采用算法推荐的方式，即根据用户的兴趣爱好推送新闻，其应用程序的版面设计也极为粗糙，与各大门户网站截然不同。据我一些手机行业的合作伙伴说，当时为了谈业务，今日头条的创始人张一鸣常常自己背着一个包，到处找手机厂商谈合作。结果没想到，三年之后，这个尝试了网络新闻发布新方式的今日头条，竟然"打败"了几乎所有门户网站的新闻应用程序，一跃成为新闻应用程序新秀。不久之后，今日头条的母公司——字节跳动又推出了如今家喻户晓的抖音。如今，字节跳动的市场估值已超万亿元。

你看，当一个人、一个企业跳出封闭系统，开拓新道路之后，都有机会创造惊人的奇迹。

无论是一个人，还是一个企业，封闭只会使之停滞不前，而唯有选择开放，真正地"打开"，才能看到更广阔的世界，才能与人进行有效的交流，才不会固执地自以为是，才能真正地激发无穷的活力，创造更多的财富。

---

[1] BAT，指中国互联网行业的三家巨头公司，即百度（Baidu）、阿里巴巴（Alibaba）、腾讯（Tencent）。——编者注

如何更好地打开自己

你可能会问，那对于我们个人来说，如何打破封闭，更好地打开自己，创造更多的可能性呢？如果能够结合自身的经验，那么，相信以下三点，一定可以助力你更好地打开自己、激活自己，使你获得更多的可能性，创造更多的财富。

身体打开：让骨骼舒展成接收天线

如果一个人长期处于紧张或收缩状态，那么他需要做的第一件事就是放松，并打开自己的身心。我们的紧张，可能是家庭关系、工作压力、情感纠缠等因素造成的。在这种情况下，我们要做的最重要的事情，不是继续在紧张中做事，而是停下来、放松下来，打开自己的身心。

打开身心的方式有很多种，如内观正念、按摩经络、泡温泉，或者旅行、锻炼，这些都是很能让人放松的方式。

最近两年，我喜欢上了泡温泉，偶尔去泡一泡温泉，会觉得身心舒畅，涌现出一种莫名的幸福感。40℃的温泉水不仅能放松肌肉，也能融化心中固执的念头。当然，去山林或自然之中旅行，去绿道上奔跑，都有利于放松身心。

打开自己的身心，是我们更好地创造财富的一个重要前提。

眼界打开：把瞳孔调成广角镜头

我们每个人都有自己的局限，因此看到的世界也是有限的。尼采曾说：我们的眼睛就是我们的监狱，目光所及之处就是监狱的围墙。如果想要跳出原来的那个"监狱"，就要多出去看看、走走，同时也需要提升自己的阅读量，看看行业内或世界范围内的那些经典著作。如果有机会，我们还可以多见见"高人"，例如，行业内的知名企业家、学者等。现在获取信息的方式，较之前便捷了许多，信息触手可得，我们随时都可以在网上找到自己想要的所有内容。

在我挤公交、挤地铁上班的八年时间里，我的手里或背包里总会有一本书。我在这几年通勤时间里看的书，可能比在读大学时看的书还多，每年平均能看几十本书。等后来创业搬家时，我最有价值的"家产"就是那几百本书了。这些书大大拓展了我的视野，让我看到在商业世界里，每个人都有创造财富的可能和机会，也让我有能力想象更大的世界和更多的可能。

只有眼界打开了，格局才能打开。一个人如果只沉浸在网络世界，而忘却了与现实世界的交流和交互，就会生活在前文所说的信息茧房之中。所谓看世界，看的不仅是网络世界，还是真实的人间烟火。一个创业者只有懂得更多用户的"痛点"和需求，才有可能开发和创造出更有价值的商品和服务。

睁眼看世界，就是要突破封闭的眼光，看到新的世界，看到更多的创富可能。

思维打开：给大脑安装迭代系统

身体和眼界可能相对容易打开，而最难打开的，是我们的思维模式。因为思维模式是我们经过长期积淀形成的思考问题的方法和思路，已经根深蒂固，并具有极强的惯性，甚至很多时候，我们自己都意识不到它的存在，所以很难轻松打开。如果想打开思维模式，我们就需要静下来，深刻地反思，并与自己辩论，才可能在内心慢慢培养起新的思维模式。

以我在深圳认识的一位大姐的经历为例：她学历不高，20 世纪 90 年代中后期就和姐妹们来深圳郊区打工了。她们都在工厂里做计件工人，当时每个月差不多有 1000 多元的工资。其他从乡村出来的姐妹，大多把辛苦赚到的钱寄回家，给父母盖房子。

而她却只把不到一半的工资寄回家，剩下的一大半自己储蓄起来。她还喜欢在下班之后找工厂的财务人员聊天，问他们赚了钱如何打理，才能赚更多钱。财务人员和她说，当时深圳的创业者倾向于把钱拿去在市区买房。到了 2000 年之后，她手头有了些积蓄，就也跟着买房。当时购房首付很低，也没有限购政策。她将买到的房子租出去，发现房租不仅能够抵销房贷，还能有结余。于是下一年，她又开始用赚到的房租按揭购买新房子。就这样，近 30 年下来，她已经有了七套房子，价值 8000 万元。

这位大姐就破除了当时传统的财富思维（赚钱回家盖房），而开始用投资思维打理自己的财富，最终在不知不觉中，练就了自己皮实的财富增值能力，实现了令人向往的财富自由！

请你相信，只要把心打开，每个人都有机会获得自己想要的东西。这可以用一句话概括：世界上最快乐的事情，莫过于打开心门，迎接机会和挑战的到来。

当我们把心门打开，拆掉思维中的"墙"，你就能成为自己命运的架构师，从而拥有无穷的可能，敲响财富之门。

差异竞争：
普通人财富逆袭的核心算法

有一次，我问阿那亚的创始人马寅先生，为什么阿那亚能成为房地产领域的一个"异类"，成为北方甚至中国的一个重要文化地标？阿那亚到底做对了什么？

马寅先生谦虚地说："其实想法也是一点点碰撞出来的，如果说阿那亚与别的房地产项目有点差异，可能和我是一个'文艺青年'有关吧。首先得自己喜欢，比如礼堂设计是我在和窦唯聊天时获得的灵感；孤独图书馆（见图 4-1）则源于我在爱尔兰海边的经历。当时我发现那里有个小卖部，里面有些图

图 4-1　阿那亚孤独图书馆

书，我看到之后觉得特别温馨，于是就琢磨是否可以做一个海边图书馆。我希望把阿那亚打造成一个文化品牌……"

马寅先生可能是房地产圈里很懂文艺的，他把自己的审美注入了钢筋水泥。每年，阿那亚都要举办一系列活动：戏剧节、电影节、音乐节，每年都有近千个节目。尽管房价比周边贵两三倍，但阿那亚依旧吸引了大量的文艺中青年，使他们成为"铁杆业主"。正是由于马寅基于他所热爱的设计和创造，找到了与众不同的差异化定位，才让阿那亚声名鹊起。

与众不同的每个人

这个世界上没有两片相同的树叶，也不存在两个完全一样的人。每个人都是与众不同的，各有特色，皆有天赋，然而我们却常常容易忽略自身的优势，活在他人的标准和评价里。

我年轻的时候就很自卑。刚上大学时，我觉得自己不但普通话说不好，而且毫无特长。看着其他大城市来的同学又会弹吉他，又会跳舞，还能说一口流利的英语，心里只有羡慕的份，感觉自己像是误入天鹅群的丑小鸭。因为既玩不转网游，足球、篮球也技不如人，还不善社交，那时的我从心底里感觉自己是一个局外人；站在人群中时，也总觉得自己毫无存在感，很多时候心情都很糟糕。

后来，学院里组织了一场新生书法大赛。尽管我没有系统地学过书法，也从未参加过什么比赛，但想到自己小时候喜欢用毛笔写写画画，过年时还会帮左邻右舍写点红纸，于是就硬着头皮报了名。结果，我竟然得了名次。这个小小的正反馈给了我很大的信心：原来我也有自己"擅长"的东西。这样的想法，终于驱散了我内在的自卑感。

因为我喜欢写写画画，所以当我买到了一部廉价二手电脑，并发现了Photoshop 这款绘图软件时，我如获至宝、兴奋不已。我真是太喜欢这款软件了，天天琢磨着用它拼凑些图形组合，做些有趣的创意设计。当广告大赛的消息传来时，我还组织同学们一起积极报名参加。结果，我们一起在全国性的广告比赛中，斩获了不少奖项，如时报金犊奖、全国大学生广告艺术大赛奖、ONE SHOW 中国青年创意竞赛银奖等。

很多"成功"的种子，往往藏在你的热爱里。

2002 年，一个在药学院学习的大三学生，了解到了动画制作软件MAYA，喜欢得不行，整日沉浸其中。于是，他毕业后没有进入医院系统就职，而是去了一家广告公司；一年之后，他从广告公司辞职，自己默默地在家中花了三年时间，一帧一帧地专注打磨自己创作的动画短片《打，打个大西瓜》。结果，这个短片获得了很多动画行业内的奖项，这给了他极大的正反馈。

他继续坚持自己的热爱，尽情创作，后来，他被光线传媒发现并签约。2025 年春节档，他导演的动画大片《哪吒之魔童闹海》火爆全球，不仅一举夺得中国影史票房冠军，而且还成为全球票房最高的动画影片。这个学医却热爱动画的学生，正是现如今鼎鼎大名的动画导演、艺名"饺子"的杨宇。

与其羡慕别人，不如去发现、找到自己真正的热爱，这不仅可以激发你自身的潜能，更重要的是，这能让你变得更加自信，还可能让你创造超乎想象的奇迹。

我相信人人都有与众不同的天赋。

随着年龄的增长，我越来越发现，这个世界可以被看作一个丰富多彩的森林公园。在这片森林里，有高大的乔木，也有葱郁的灌木；有鲜艳的花朵，也有娇嫩的小草；有自由飞翔的小鸟，也有低声吟唱的昆虫……正是由于它们各不相同，才让这个森林世界变得丰富多彩。

我们总喜欢仰望他人的闪光点，却忘了自己本就是银河中闪亮的一颗星。有人是傲雪青松，有人是墙头凌霄，有人如高歌夏蝉，有人似萤火微光。每个人都有自己与众不同的色彩，正如一句我印象深刻的电影台词所说："你我确实不同，这多么幸运！"与其在别人的赛道上当"陪跑"，不如在自己的热爱里建城堡。

面对他人的特长与成功，我们无须自卑，也不用害怕，更不必羡慕，要相信自己一定有与众不同的特点和天赋，相信野百合也会有春天。那么，我们该如何找到自己的与众不同之处呢？

找到自己的差异化所在

以下这些方法，可以帮助你更好地找到自己的差异化所在，找到自己的与众不同之处。

首先，要发现自己热爱、感兴趣的东西。

每个人都一定有自己喜欢和感兴趣的事物，然而这需要我们去寻找和发现。比如，我发现女儿从小就对运动不感兴趣，却很喜欢画画，只要有东西给她涂鸦，她就可以投入其中，几个小时一动不动。而儿子对于积木、拼装类玩具总是爱不释手，一玩起来就是很长时间。每天早上，他都喜欢搬一箱乐高进来，说："爸爸，来，陪我一起拼乐高吧！"

看到他们的例子，你也许会认为，小孩总是喜欢玩玩具，也有的是机会去发现自己的热爱和兴趣所在。而人到中年，就可能再难以找到热爱和感兴趣的东西了。其实不然。

例如，在这个短视频兴起的年代，虽然很多人都想进行短视频内容创作，但实际操作时却大量复制已有内容。那么，如果一个人对用短视频做记录很感兴趣，也想进行一些差异化的内容创造，应该怎么做呢？

我发现自己从小就喜欢收集东西。我小时候喜欢收集烟纸、铜钱、邮票等，而在后来的 10 年旅行期间，每到一处，我都特别喜欢收集本地人讲的故事，而对我老家的数册传承了千年的族谱，我也总是爱不释手。对于谱系、故事和历史文化，我都有特别浓厚的兴趣。于是，当我想尝试短视频创作时，一个新想法突然冒了出来：我要去收集百岁老人的故事。我想采访 100 个百岁老人，听他们讲述自己的百年人生故事和智慧。

说干就干。2020 年 6 月，我采访了第一位近百岁的老人，他当时 97 岁，是许德珩和胡适先生的学生，也是大儒梁漱溟先生的忘年之交，1946 年就读于北京大学先修班。他的人生充满波折，听他娓娓道来，我仿佛穿越到了民国时代……真是太有意思了。

时至今日，我依旧乐此不疲。如今，我已走过超过 4 万公里的路，造访了数十个城市，采访了近 50 位平均年龄为 95 岁的老人，累计拍摄了 6 太字节的视频内容。我想，这些记录了老人们人生和智慧的内容，对比他们年轻的人来讲应该很有价值。将来若有时间，我还想把它们整理成系列视频或书籍。这些初步的成果和美好的预期，其实都基于我本人的兴趣和热爱。

马寅用他的"文艺基因"重构了地产逻辑，蔡志忠 4 岁握笔，便注定成为漫画宗师。这些成就都是他们基于热爱取得的，请记住：**那些让你心跳加速的事，就是你生命中埋下的"彩蛋"。**

其次，只要持续尝试，惊喜就会不断涌现。

当我们受伤、受挫时，往往很容易陷入停滞状态，甚至产生心理阴影。

我年少时有非常严重的口吃，每次说话的时候，周围的人就会学我结巴的样子、笑话我，导致我的性格变得极其木讷内敛，不敢在别人面前说话，因为害怕别人嘲笑我。久而久之，我的内心就产生了阴影，觉得自己只要一说话，就一定会引来别人的嘲笑。

如今，我已近不惑之年，觉得面子对于自己来说，似乎也没有那么重要了。更重要的是，尽管仍然害怕表达，但其实我的内心深处，还是渴望表达的。正如存在主义哲学家克尔凯郭尔的观点：那些我们所害怕的，可能正是我们渴望的。

于是，我果断加入了头马演讲俱乐部，尝试勇敢站上演讲台。最开始，我演讲时也是结结巴巴，手心冒汗，心率能达到 130 次 / 分钟——要知道，我的静息心率是 65 次 / 分钟。然而，经过一段时间的集中训练，我开始适应，慢慢地竟然逐渐克服了恐惧心理。为了锻炼自己的演讲水平，我还为自己录制了很多短视频，甚至用直播的方式进行训练。经过两年多的刻意练习，我竟然多次在演讲分享活动中，获得最佳备稿演讲的称号，甚至还在一场小树林小型演讲比赛中获得了演讲冠军。

在之后的沟通和表达中，我已经不再恐惧，而能展现出较为自信的状态。很多老朋友都说："思平，你好像换了一个人，你真行啊！"你瞧，这个曾经让我害怕的"弱点"，经过尝试改变和刻苦练习，竟然转化成了我的差异化优势。曾经的伤疤，成了前行的盔甲，这是连我自己都没意料到的。

严重口吃的我都能做到化劣势为优势，相信任何人都能做到这一点。只要勇敢尝试、刻意练习，你就有机会发现和找到自己差异化优势。

最后，不负热爱，坚持下去，用时间创造奇迹。

漫画家蔡志忠先生的故事，可能很多朋友都听过。他四岁时，就知道自己要以画画为生，这真是神奇。当他确定画画是自己一生要做的事情之后，他就开始持续不断地画，先是画广告画，后来又转做动漫。

后来，他去日本学习画漫画。除此之外，他又找到了一条细分的差异化路径：用漫画讲述中国传统经典文化的故事。一直以来，好像还从来没有人用漫画的形式展现过这些故事。于是，他开创性地用漫画的方式，来画中国传统故事中的老子、庄子、孔子等人物，结果一炮而红。回到中国后，他又开始画自己喜欢的达摩的故事，结果又获得了成功，成为漫画界的一个传奇。

他的成功，贵在能坚持自己的热爱。在找到画画的兴趣之后，他不仅持续不断地输出，而且在每一个阶段都有所创新。时至今日，蔡先生依旧笔耕不辍，每天都要画十幅甚至更多作品。有一次，他在上课时，提到自己在飞往此地的航班上已经画了几十张画。据他统计，至今他已经画了数十万幅作品，可能是世界上画画数量最多的画家之一了。

导演饺子也一样，在最穷困潦倒时，他也没有放弃自己的热爱。在制作完《打，打个大西瓜》之后，他沉寂了很多年，无人问津，但他在此期间一直没有放弃自己的热爱。直到 2015 年光线传媒找到他，他的人生才开始再一次迎来转机。从 2019 年《哪吒之魔童降世》上映，一炮而红，到 2025 年《哪吒之魔童闹海》问世，他其实已经在这条路上走过了23 年。

宇树科技的创办人王兴兴的经历也是一样。尽管他在学生时代严重偏科，但这并不妨碍他对机器人的热爱。王兴兴自小喜欢研究机器人，在大学时就开始研究四足机器人，研究生期间也还在研究，期间经历了很多次失败，甚至还因此申请了延期毕业。但这有何妨？在大疆工作数年后，他最终还是决定辞职，投身于机器人研发领域。2016 年，他成立了宇树科技，专注研发自己热爱的机器人。只用了几年时间，该公司就一跃成为人型机器领域的一匹"黑马"。然而，我们看到的只是"冰山一角"，别看王兴兴现在才 30 多岁，但自小就热爱机器人的他，其实已经在这条"赛道"上奔跑了近 30 年。

所以，只要在热爱里奔跑，时间就会助力你创造奇迹。

有一次去日本京都，我看到一家生意极好的小面馆，排队的人络绎不绝。由于店面狭窄，顾客都是站着"嗖嗖"地把面吃完就走。我们想知道这家店有什么特别之处，就也排起了队。店里就两三个师傅在做面，年纪大一点的师傅看上去有 70 多岁了。我好奇地问他这店开多久了，他说已经开了快 50 年了，自己从 20 多岁就开始经营这家面馆了。我问师傅为什么能坚持开店这么长时间，他说因为自己喜欢做面，不喜欢的事情，是做不长久的。

一个人只要找到热爱，找到喜欢的事，就能找到自己的差异化所在，并把它打造成自己独一无二的资产。这是如今这个时代每个人最重要的竞争优势之一。

我们都知道，时代不一样，条件不一样，奋斗和努力的动力也会有所差异。例如，在物资匮乏的时期，人们一部分努力奋斗的动力，就是摆脱贫困，过上更加美好的生活。而当通过努力解决了温饱问题之后，温饱就不再是枷锁，热爱将成为一个人生活的新刚需！如今的人们需要找到自己真正的热爱，正如乔布斯所言："努力找到自己的热爱，如果没有找到，继续找。不要停下来。"

没错，只要你勇敢尝试，找到自己与众不同的热爱，用心投入，皮实地把它持续做下去，就能活出不一样的自我。正所谓：这个时代最奢侈的叛逆，是敢于把自己的与众不同，活成别人眼里的光！

反内卷指南：
用行动碾压一切空想

工作数年后，我看中了京郊的一间小户型房子，首付需要 40 万元。我一番东拼西凑后，还差 10 万元的首付款。我心里想：之前合作过的两个企业家对我不错，他们或许有钱，问他们各借几万元应该问题不大，我再工作两年就可以连本带息地还给他们。结果不管是他们，还是我认识的一些创业成功的同学，都各有各的难处，拒绝了我的借钱请求。

那一刻，我认清了一个现实：如果一个人自己不皮实、不强大，不能努力创造财富，而只想着依靠他人，那么，他会活得很艰难。

少想，狂做

当我下定决心辞去工作、准备创业后，就没有了退路，我唯一要做的，就是"做"本身：拼命找客户、要订单……如果想赚钱，光靠想是没有用的。因此，我每天逼着自己，联系相当数量的渠道伙伴和客户。我把通讯录里的三千多位好友，用 Excel 表格分门别类地做了梳理，每天整理好心情，给自己下定关键绩效指标，准备好沟通话术，然后再逐一联系他们。虽然被拒绝是常有的事，但我在一本认知类科普书上看到过：行动本身会重塑大脑中的神经回路，于是，我一次次地拨通电话，并在拒绝中持续迭代自己的话术。

创业的第一个月，我们的公司只拿到了一个订单，入不敷出。怎么办？是放弃还是继续？因为没有退路，所以我只能继续拼命干。结果第二个月，公司的营业额就达到了 20 多万元，利润有两三万元，终于让我看到了一点希望。到同年年底，公司的月营业额已经达到了 300 万元，第一年的年营业额竟然突破了 1000 万元，第二年则突破了 1 亿元。这是我和几位合伙人谁也没想到的，完全出乎我们的意料。能得到这个结果，除了好运，也离不开当时我们的拼命努力。

创业之初，如果每天都必须停下来，不断调整目标、复盘战略、讨论战术，就可能会贻误时机，错失很多机会。当创业者确定了合伙人、明晰了创业方向，唯一需要做的，就是"做"本身。刚起步时，初创公司人员较少，创业者不可能完全依靠合伙人或员工，必须自己下场干。

对创业者来说，创业初期遇到的很多问题，在思考时或许难以厘清，而只有在实践中，答案才会慢慢浮现。多年后，我再回头看当初创业的经历：每个犹豫的瞬间，都可能造成让我悔恨终身的后果；如果不想让自己感到遗憾，就唯有不再犹豫，持续去做。

可现实中，我们却常常陷入"想得多，做得少"的怪圈之中。

离谱的想象

现实中，常有职场人士问我："平兄，你说，我要不要辞职啊？我上班真是上腻了，你有没有什么好建议啊？"其实，这些提问者往往陷入心理学中的"假想观众效应"：既渴望舞台灯光，又惧怕在别人面前失败出丑。这样问的人，做抉择时往往瞻前顾后，一边看着成功创业者精致的朋友圈羡慕不已，对比自己朝九晚五的生活，心里翻涌着辞职的冲动，一边又担心创业的潜在风险：如果创业失败，就可能遭受更大的损失，甚至连再回公司的机会都没了……

几年之后，你会发现这样的人，大概还带着内心的不甘，在职场里纠结着、徘徊着。因此，我一般会这样回答他们的提问："兄弟，你可要想好了。别轻易辞职，但要是下定决心创业，就大胆去做，别优柔寡断！"

我相信，不少人都幻想过自己实现财富自由时的模样：不用上班，天天睡到自然醒，做着自己喜欢的事情。其实，有这样的想法很正常，我也曾梦想过这般美满诗意的生活，但现实却往往很骨感：交不完的房租、还不完的房贷、想去却又去不了的地方。

在现实和理想之间，我们总是浮想联翩。尤其是在自媒体、短视频、朋友圈盛行的当下，尽管我们心里清楚，那些精致的朋友圈中环游世界的美好视频，不过是他人人生高光的剪辑版，但一不小心，心绪就会被其裹挟，让我们内心久久不能释怀，白白消耗大量精气神。

其实，我们的诸多痛苦都源自我们毫无方向的思绪、漫无边际的想象，而且其中很多都是脱离事实的离谱想象，如暗恋对象的心思、别人对自己的看法、未来的无形压力等。然而，如果仔细想想就会发现，这些我们自己一厢情愿的想象，犹如大梦一场，皆为虚妄，为此反复纠结、内耗，解决不了任何实际问题。

其实，驱散这些虚幻想象的方式很简单，那就是少想、狂做。

用心投入，行动即答案

漫无目的地想象解决不了问题，而针对问题用心投入、采取行动，自然就会带来结果。

经过三年的精心打磨，我的第一本书：《把自己变成稀缺资产》于2023年9月上市。当时的我心怀梦想，希望这本书能够大卖，希望更多的读者能够读到它，也算不辜负出版社、编辑们和我自己的辛苦付出。结果一周过去了，这本书在市场上似乎毫无动静。

为了扭转局面，我建议出版社的营销编辑参与京东首发日活动，同时准备发动朋友宣发支持。当时我正好是一个读书会和一个演讲俱乐部的成员，也有些愿意支持我新书的朋友。于是，我建立了一个60人的"首发群"，群成员主要是一些爱读书、认可我的小伙伴。拉群之初，我就和伙伴们达成了共识：把这次活动当作一次实验，尽管我们都是普通的读者，但是也可以创造奇迹！我们一起设立了一个目标：一起向9月4日京东图书首发日的全网销量第一发起冲击！

要知道，当时同时上线的还有俞敏洪、网红张琦、凯文·凯利和施一公的新书，我的书要与这些名人的新书竞争销量，并成为"第一名"，着实不容易。

然而，我们这群爱好读书的小伙伴，自己制作了宣传素材，在我们的朋友圈、社群中大力宣发。通过几天的努力，我们还真创造了奇迹：我的新书不仅夺得了京东新书销售榜的第一名，而且还取得了京东整个图书类目全网销量第一名的好成绩。

这次由普通人创造的小小"逆袭"，让我感受到"做"的力量是多么强大。这本《把自己变成稀缺资产》一炮而红，很多朋友看完之后都给予了正面的反馈，也把它推荐给了更多朋友。这本书随后在网络上引发关注，很多推书达人也开始在抖音、微信视频号、小红书等平台大力推广。时至今日，短短两年时间，这本书在线上已经获得了几千万次曝光，拥有了数10万线上读者，加印了10多次，成为当年出版的名副其实的畅销书之一。在此，我要再次感谢读者、出版社的工作人员和朋友们的大力支持。

可以想象，如果当时我和朋友们只是停留在希望新书大卖的空想阶段，而不用切实的行动去推广、去证明，是很难达到这样的效果的。少想、狂做，行动将带来无限的可能性。

你一直在寻找的奇迹，其实就藏在你逃避着不愿付出的行动里。

如何高效行动

关于"做"，即行动力，我在《把自己变成稀缺资产》一书中，用了很大的篇幅阐述，如果大家感兴趣，欢迎阅读。在这里，我再简要回顾一下提升行动力的"三板斧"。

其一，目标视觉化，把目标写下来。

没有方向的行动，就如无头苍蝇乱撞，极大可能是在做无用功。因此，行动需要有坚定而清晰的目标。而想让目标变得清晰，一种非常好的方式，是把它写下来。自工作以来，我每年都会在自己的日记里，写下1～3件对自己来说最重要的事情，并将它们按优先顺序排列好。

例如，刚毕业那年，在从武汉前往北京的Z78次列车上，我在日记本上写下了"做好一名职场新兵"的目标，而我2014年的日记本扉页上只有一句话："今年要赚100万元"。2023年，我写下的是目标是："出版第一本书"。

因此，在第一本书上市却反响平平后，我和伙伴们就达成了前文提到的共识："一群普通人，也可以创造奇迹"，并把群名改成了"一起见证奇迹：首发日要做到京东图书销量第一名"。

正是这些清晰而坚定的目标，指引着我们的每一步行动，让行动变得有动力、有方向。

其二，专注心流状态，并且保持耐心。

当有了目标之后，就别再多想，你唯一需要的就是去做、去行动、去用心投入。

有一次，我去日本京都，到一个精致的园林公园参观。里面小桥流水，绿树成荫，地面铺满了苔藓，让人心情惬意。突然，我看见一个园艺师正跪趴在苔藓旁，好像在认真挑拣着什么，旁若无人。

我问导游园艺师在做什么，导游回答："他在清除苔藓里的杂草。"那一刻，我被园艺师的认真震撼了。要知道，翠绿的苔藓本来就非常细小，可能只有一厘米高，而夹杂其中的杂草，更是非常不好找。我走近这位园艺师一看，发现在他身边一个小小的篮子里，已经装满了细小得几乎很难用肉眼看到的绿色杂草。这需要何等用心啊。这不正是米哈里·契克森米哈赖所定义的"心流状态"吗？这个园艺师真是了不起！

凡事，只要你用心投入，他人最终总能感受到你的付出，事情自然也往往会朝着更好的方向发展。

其三，迭代进化论：在反思中迭代和优化自己的行动。

这个世界上，没有人在一开始就能把一件事情做得十分完美，人们都需要经过反思和迭代才能逐渐优化自己的行动。图 5-1 是关于跑步的迭代进化步骤示意。

目标可视化：跑10公里

专注+耐心：控制配速/心率

总结反思：如何跑得更轻松

图 5-1　跑步的迭代进化步骤

　　还记得 18 年前，我第一次去成都出差，当时的上司给了我一次向客户提案的机会。虽然我感觉自己准备得已经很充分了，但到了现场，我还是紧张得差点"搞砸"，最后还是靠上司救场才得以挽回局面。回来后，我和上司一起认真复盘了提案的方式、节奏、要点，当我下一次提案时，效果果然就好了很多。提案效果的优化，是在一次次迭代中逐渐完成的。没有一蹴而就的成功。

　　于我而言，写日记是进行反思的绝佳方式。自 1996 年起，我就一直坚持写日记，持续了近 30 年，中间几乎从未中断。日记并非流水账，它最大的好处是可以让我审视自己：哪些地方做得不够？哪些行动可以优化？哪些地方有触动？哪些地方做得还不错？把它们一一记录下来，就可以每天让自己完成一次小小的复盘和迭代。

　　行动有目标、专注投入、反思迭代，以上三点是我们高效行动的精要。如果能做到这几点，你就一定能变得越来越强大。

　　别多想，努力去做；只有自己变得强大了，才能真正自信起来！别在想象中雕琢完美方案，要在行动中迭代有效答案！

绝境转型法则：
当生活对你下狠手时

即使是再强大的人，也会面临人生的低谷和选择。

某天凌晨一点，我的微信弹出了一位四川读者的消息："何老师，我有三个孩子，退伍后做了八年的鞋服零售生意。现在正值行业寒冬，我想转型却像困在迷宫里……请问我该怎么办？"我相信这也是很多读者朋友，尤其是中年朋友常常会问自己的问题。

许多中年朋友想尝试转型的根本原因，可以概括为一句话：担心自己不能适应时代的变化，越来越难赚到钱。我很喜欢梅花创投创始合伙人吴世春先生说的一个段子："人到中年，两件事很重要，读书和赚钱。读书使人不惑，赚钱使人不屈。"

其实，我们很大一部分的焦虑，源自对自身价值的担忧。斯坦福大学决策实验室的研究发现，人类 80% 的焦虑，都源于"可能性丧失恐惧"。

人生三万天，错过即永恒

这个世界上唯一不变的，就是变化本身。每个时代都会涌现出很多机会，你抓住了就抓住了，错过了也就错过了。机会不会因为你还没有准备好，就在那里静静地等着你。人生也就短短三万天，除了已经过去的岁月，还有年老力衰的岁月，我们充满干劲的鲜活岁月可能也就剩下大约一万天而已。因此，如果看到机会，我们就应该趁自己还年轻、还鲜活，勇敢地"扑腾"上去。

十年前，我已经年过三十，尽管薪资尚可，但工作多年，身心俱疲，目力所及，前途渺茫。是选择在职场继续"混"下去，还是选择转型，南下深圳创业，这是我人生的重要十字路口。最终，我还是选择了创业。我当时的想法是：人生没那么多机会，错过就永远错过，再不搏一把，就来不及了；不如趁自己还没结婚生子，勇敢尝试一番，就算失败，再回职场也不迟。

于是，我就下定决心来了深圳，这一干，就又是八年。当创业略有小成时，我和合伙人复盘这一路的创业之旅，都认识到一个核心要点：当初选择转型的时机很对。如果再晚一两年，可能我们就需要花更多力气才可能成功。

机会永远存在，每一代人都有自己的机会。就拿我所在的互联网行业来说，对于个体创业者而言，2003 年做淘宝、2013 年做微商或公众号、2020 年做短视频，都是非常好的创业机会。你会发现：每过几年，都会出现一波新的机会。当然，你不能逆潮流而行，例如，如果你现在才开始做淘宝、京东网店，那大概率是要失败的。因此，趁自己还年轻鲜活，我们就应该顺应趋势，把握机会，勇敢转型，创造属于自己的财富。

人生有两条曲线

虽然我鼓励想要尝试转型创业的朋友们趁年轻抓住机会，但这并不是说人到中年就没有机会了。不可否认的是，人到中年，尤其是 40 岁之后，智力、精力、体力水平确实会大不如前，可现实中的压力却一点没有减少。

处于这个年龄段的朋友，多是家中上有老、下有小的顶梁柱。就如前文提到的那位四川读者，他已快 40 岁了，是三个孩子的父亲。如果他此时不能顺应变化，勇敢转型，的确会有很多焦虑和压力。好消息是，即使人到中年，我们也依旧有诸多转型机会。

英国心理学家雷蒙德·卡特尔假定了人类拥有两种类型的智力（见图 6-1）。一种是流体智力，指推理、灵活思考及解决新问题的认知能力，也就是我们所说的先天智力，我们的阅读能力、数学能力等都与它有关。卡特尔研究发现，人在成年后的早期阶段，流体智力最强，到 40 岁左右，流体智力就开始迅速衰退。另一种是晶体智力，指以习得的经验为基础的认知能力。它依赖于日积月累的知识，从 40 岁到 60 岁，它会随着年龄的增长而增长，即使衰退，也是到晚年才衰退。剑桥大学追踪 30 万人的认知曲线后得出的研究结果显示：流体智力在 38 岁时会达到顶峰，但晶体智力在 60 岁前都是持续攀升的。

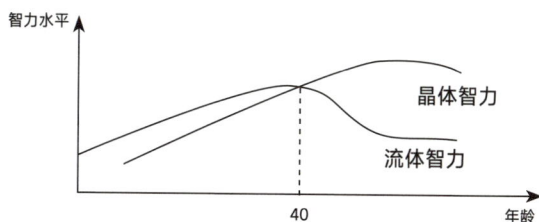

图 6-1　流体智力曲线和晶体智力曲线

换句话说，年轻时，你拥有的流体智力是与生俱来的智慧，可以创造并生成价值。而中年之后，你拥有了更多后天习得的智慧经验，能理解事实的意义并将其付诸实践。

如果已至中年，你一定会注意到自己的流体智力在衰退。但在生命的不同阶段，人的优势也是不同的。随着岁月的流逝，你失去了一种能力，却又拥有了一种新的能力。美国社会科学家亚瑟·C.布鲁克斯在《中年觉醒：重塑生命与生活的力量》一书中提出，我们在中年时期，可以利用晶体智力进行职业转型——从创新型职业转向指导型职业，例如，转型做教练、老师、顾问等，这样，我们依旧可以发挥自己的价值，这是中年人实现职业飞跃的巨大机会。

比如，作家冯唐在 50 岁之后，辞去了企业高级管理者职位，专注于写作和付费知识分享，分享自己多年来在世界 500 强企业的管理经验，以及读书写作心得等，这些都是非常有价值的经验。他一方面借助网络推广宣传自己的课程，另一方面也尝试自己直播，而且频率还很高。2024 年，他在网络直播中售卖自己的战略管理课程，售价 2.98 万元 / 人，竟然一个晚上就卖了 500 份，流水接近 1500 万元。这就是一个非常棒的成功转型案例：冯唐既适应了知识付费这一时代变化，同时又把自己的晶体智力发挥到了极致，获得了事业"第二春"。他是值得很多中年朋友学习的榜样。

无论何时，转型都不算晚

无论是青年时期，还是中年甚至是老年时期，人想要进行事业转型，都是有机会的。

梁冬老师经常会和我们讲起香港四大才子之一蔡澜先生的故事：在他50 岁左右时，电视电影行业已经开始式微，他本在鼎鼎大名的邵氏电影公司高就，却在此刻开始转型做餐饮。他一家一家餐馆试吃，最后创办了一家名为"蔡澜点心"的美食店。一方面，他感受到了时代的变化：传统媒体发展受阻，影视行业赚钱变得困难；另一方面，从事餐饮美食行业也结合了他自己的兴趣。事实证明，他在这一领域做得确实不错。与此同时，他还写书和画画。这些转型举措及技能，让他哪怕到 80 多岁，每年也仍能创造很可观的财富。

有一次，蔡澜先生和梁冬老师吃完饭，起身拍着这位晚辈的肩说："梁冬啊，你一定要记得，哪怕等你老了，也不要忘记赚钱。赚钱，是很重要的事情啊。"

很多已经年过 60 的行业前辈，如傅佩荣、蔡志忠、蒋勋、王德峰、周月亮、吴士宏等，都借助互联网，利用自己沉淀的晶体智力，实现了事业的华丽转型。王德峰教授用自己半生的哲学积淀，成为网络哲学知识分享领域的知名人士；吴士宏女士则用自己担任国内外资企业高级管理者的经验，做起了企业教练，帮助更多企业家提升管理能力。他们将自己毕生的所学所悟，分享给众多网友和读者，吸引了大量粉丝学习；他们开设的线上、线下课程，也获得了较好的反响。

因此，无论你处于什么年龄阶段，任何时候开始转型都不算晚，但一定要记住一点：转型的方式要与时代呼应，要能持续为他人创造价值，同时还要能持续为自己创造物质和精神的财富，这一点很重要。

那么，如何更好地实现职业转型，掌握人生的主动权呢？我们可以从以下这几个方面着手尝试（见图 6-2）。

1. 保持热爱生活，保持多元网络和社会链接

2. 拥抱变化，顺应时代趋势

3. 接受现实，发挥自身优势，启动"经验变现"模式

图 6-2　如何更好地勇敢转型

如何更好地勇敢转型

热爱生活，保持多元网络社交和社会链接

一个对生活失去热情的人，是很难转型成功的，因为他会局限在自己固有的思维模式中。只要你真正热爱生活，你就会发现，生活中总有你发

自内心喜欢的东西。热爱永远不会迟到，就像 50 岁的蔡澜先生喜欢美食，仍可以转型去经营美食店一样。

同时，你也应该保持与社会的紧密接触，知道这个世界上、这个社会中正在发生的事情，这样，你才能知道目前市场的主要趋势变化，懂得客户需求，如近几年兴起的自媒体和"出海"浪潮，还有人工智能（AI）工具的应用等。因为只有真实地生活在这个烟火人间，你才能真正对生活有体感，懂得大众的心思和需求，这对你实现职业转型大有裨益。我之所以在已经 40 多岁时，还准备再次投身跨境电商领域，就是因为我看到并感受到，这其中确实蕴藏了很多创造财富的机会。

保持与社会的紧密接触的一种重要方式是保持多元的网络交往，这样，我们就能获取更多的信息，同时也能获得更多的机会。我当年选择转型创业的一个重要原因，就是在这之前三年的商务工作期间，我接触了很多应用程序的开发者以及推广渠道，并与他们建立了联系。而我创业的项目，正是基于对这两方面资源的有效整合。如果没有接触多元的网络，我当时的创业构思根本无从实现。

耶鲁大学关于幸福的科学研究发现，持续接触新鲜事物，能提升人大脑中的多巴胺分泌量。因此，保持对生活的热情，保持自己与社会的紧密接触，保持自己的多元化网络社交，是我们实现职业转型、持续创造财富和提升自身幸福感的重要基础。

拥抱变化，顺应时代趋势

我采访过的很多高寿老人都有这样的特点：尽管已经 90 多岁了，但是他们仍然能熟练地使用智能手机，甚至能像年轻人一样用应用程序看新闻、看视频。也就是说，这些近百岁的老人都懂得拥抱变化，顺应趋势。

时代在不停地变化，机会也在不断涌现，我们要做的就是拥抱变化，顺应时代发展的趋势。例如，虽然 AI 的时代已经到来，但可能很多人还没有养成经常使用它们的习惯，甚至还在用着一些"陈旧"的搜索工具。前不久，我认识了一位近 60 岁的太极师傅，他在手机上安装了近 10 个 AI 客户端，还一一给我演示它们的功能，他对时代潮流的敏锐让我感到十分震撼。自此以后，我便也在手机主屏幕上放了四五个常驻的 AI 应用程序，不仅仅是下载安装，还要真正应用。因为我知道，AI 的发展是无法逆转的必然趋势，AI 与我们的生活息息相关。

比如，在儿子幼儿园的开园仪式上，我要作为家长代表进行五分钟的发言。本来，写发言稿可能需要我琢磨良久，结果 AI 工具只用了一分钟，就写好了一篇水平高于我的发言稿，我只需要结合实际情况对内容做一些调整就可以了。结果，儿子幼儿园的老师和其他同学的家长都反馈演讲的效果很好。

因此，当我的一位老朋友说，他准备进入 AI 创业赛道时，我立刻对他的选择表示了赞同："太好了，这正是你在等待的机会。"因为我知道，日新月异的 AI 行业中蕴含着巨大的机会，如果能结合场景应用，将有机会创造巨大的商业价值和财富。

其实我们每个人，无论年龄大小，都应该以开放的心态去拥抱变化，突破固有思维，勇敢转型，成为时代价值的创造者。

接受现实，发挥自身优势，启动"经验变现"模式

虽然写下这段文字时，我已过了 40 岁，能感到自己的流体智力大不如前，但是我接纳这一切。创业八年后，我已解决了自己和家人基础的生活问题。此时，我所在的行业也开始式微，是否要继续留在这个行业，是我面临的又一个重要人生选择。我之所以选择转型，一方面是因为考虑到两个孩子都很小，想要陪伴他们成长；另一方面，也是因为想对这些年学习、职场和创业经历中的心得进行一些复盘和总结，为人生的下半场做好准备。于是，我选择了写作，这也是《把自己变成稀缺资产》一书的创作源头之一。结果，这本书竟然成了一本有 50 万读者的畅销书，还让我获得了一笔版税收入。

同时，我也发现自己喜欢收集和整理故事，因此，我开始见"老人"，见"高人"，记录他们的一生。在这一过程中，我发现自己喜欢和老人聊天，进而基于与这些老人对话的记录制作了《百岁人生》系列纪录片。迄今为止，我已经采访了近 50 位平均年龄 95 岁的老人。我的后续计划还有：做个系列访谈，采访 100 个外国人，了解他们眼中的中国；跟拍 10 个公益组织和个人所做的公益项目；沿着中国的边境线走一圈，每到一处县、镇，都采访一两位当地人。我对这些都非常感兴趣，希望创造更多优秀的作品，而且，如果能有机会和媒体合作，这也可能创造一定的收入。在选择了转型的人生中途，我最大的困扰，不是事业没出路，而是时间不够用啊！

人来到世间，短短几万天，不能数着数字过日子。我们来到人间，不是为了凑数的，而应该顺应变化，结合自身优势，勇敢转型，在不同的人生阶段，活出属于自己的精彩！

终极存活策略：
赚钱只是手段，生活才是目的

到目前为止，我们谈到的内容似乎都和财富相关，如实现财富大幅增长的逻辑、财富增长的卡点，以及如何找到优势，把握机会，勇敢转型，创造更多的财富。财富不仅是支撑我们生活的物质基础，也是我们实现自我价值的保障，也许总有一些人不在乎它，但人人都离不开它（见图7-1）。

物质满足
自我价值实现

图 7-1　人人都想创造财富

金钱也有自己的"归宿"

虽然我们常常把"暴富"这句玩笑话挂在嘴边，但我们也清楚，我们往往难以做到想赚多少钱，就能赚多少钱。比如，我选择创业的老同学们，也未必个个都能成功创造更多的财富，乃至实现公司上市的目标。这是因为每个人的天赋各不相同，面临的机遇也不尽相同，所以，每个人的财富量级也一定会有差异。有人可能赚得多些，有人可能赚得少点，这都很正常。

然而，如果我们的创富欲望过于强烈，而赚钱速度却追不上欲望膨胀的速度，我们生活的天平就会失衡。有时候，与现实和解，接受自己暂时无法达到理想的财富量级，也未尝不是一种明智之举。

虽然由于外在的时代机会、自己内心的限制性信念等种种原因，很多人即使辛苦了一辈子，也可能达不到理想的财富状态，但我们也不能因此就丧失对生活的信心，因为金钱并非人生的全部意义。

即使是家财万贯的人，也依旧可能过得很痛苦、很煎熬。赚钱确实重要，然而过好自己的生活才是我们的目的。

我采访过数十位年近百岁的老人，每一次，我都会问他们同一个问题：您已走过近百年的人生岁月，您认为人生最重要的事情是什么？而他们当中，没有一个人的答案是"创造财富"或"赚更多的钱"，一个都没有。赚钱到底是手段，还是目的？很多人其实并未想清楚这个问题，结果就在追求财富的过程中迷失了自我，乃至因此酿成大祸。

财富到底是手段，还是目的

财富固然具有实用价值，拥有财富能更好地满足我们的生活需求，但在追求金钱的道路上，往往有人错把追逐财富当成了人生的终极目标，导致得到的结果往往与最初的期望背道而驰。

比如，在我从事应用程序推广工作时，曾看到很多同行抓住了时代机遇，凭借自己的能力和努力，年纪轻轻就积累了可观的财富，组建了幸福的家庭。按理说，这些同行当时赚到的钱，已足够他们和家人平稳地度过幸福的一生。

然而，其中有些人依旧不满足，被自己的欲望反噬，把追求财富当成了唯一目标，甚至不惜为了可能的收益，去参加一些风险极高的投资项目。最后，他们不仅自己为此付出了代价，也伤害了家人。

因此，以我这些年创业的经验来说，创造财富需要掌握两个重要边界（见图 7-2）。一个是自我的能力边界。因为这个世界上没有任何一个人能够赚到无穷多的钱，每个人总有自己能力或精力的极限，所以我们赚钱时也需要相对合理地评估自身的能力。另一个是风险边界。我们在积极追求财富的同时，也不要忽略其中的风险，尤其不要轻易用自己的全部身家去赌一个小概率事件发生的可能性。跨越这两个边界中的任意一个，都可能得不偿失，甚至让我们陷入万劫不复的境地。

图 7-2 赚钱的两个边界

赚钱只是手段，好好生活才是目的

赚钱就像跑步，有些人刚开始跑步的目的很简单，就是强身健体。然而随着他们参加的跑步活动增多，又加入了跑步社群，一些人可能就会开始追求配速、跑量和突破自己的最好成绩纪录等目标，甚至跑出了伤病，反而忘却了最初强身健体的目的。

我参加过一场戈壁长跑挑战赛，选手们要在 4 天跑完 122 公里的沙漠越野路线。这本来是一次很好的体验活动，可有些选手却为了在这样一个以体验、促进交流和合作为宗旨的赛事中拔得头筹，超越了自己的能力极限，导致受了伤，进了医院，这就得不偿失了。

人生不是竞赛，而是体验，好好生活，才能让我们充分感受生命本身的美好。

请君切记：赚钱只是手段；赚钱的目的，是让我们能够好好生活。虽然你可以把赚钱当作人生中的一次体验、一场游戏，但除了这场游戏，人生中还有很多重要的事情，而这些事情却常常被人们忽略。

比财富更重要的东西

创造财富固然重要，但在我看来，一个人的一生中，至少有三样东西，比财富更重要。

其一，健康的身体。

相信大家都听说过这句话：身体是"1"，其他都是后面的"0"。一个人如果没有健康的身体，其他的一切就都失去了依托。我至今记得 39 岁时去做的一次体检，医生接过体检报告后告诉我，我大概率患上了冠心病，之后的生活可能要做出重大调整：不能剧烈运动，需要长期依靠药物维持身体状况，饮食也要格外注意。在确诊之前，医生建议我最好做个冠状动脉造影术。听到消息的那一刻，我整个人都呆住了。

两天后，我被推进了手术室。局部麻醉后尚有意识的我，看到一根细细的导线沿着手臂上的切口，慢慢被插入心脏，然后造影剂被注入其中……在等待观察结果的那一刻，我紧张不已，担心出现那个最坏的结果。幸好，观察结果显示，我的心脏并无大碍，但还是需要注意调养身体。相信任何一个上过手术台的人，都更容易懂得健康之重要，它是金钱买不来的。

为了赚钱而把身体搞垮的大有人在。记得有一次，我去北京见一位同行，他的生意做得非常不错。虽然他当时才 30 岁，但我一进他的办公室，就发现桌上堆满了药品。他说自己工作压力巨大，时刻想着生意，经常睡不好觉。这样的人，或许很多人都遇到过，他们透支自己的健康，只为多赚一点钱，这其实是一笔得不偿失的交易。

其二，亲密的关系：亲情、友情和爱情。

虽然金钱可以买到很多东西，但是亲情、友情和爱情无法定价，也无法购买。人们在网上传播乔布斯在临终前的"伪遗言"：在病床上，我频繁地回忆起我这一生，发现曾经让我感到无限得意的所有社会名誉和财富，在即将到来的死亡面前，已全部变得暗淡无光、毫无意义。某种程度上也是在提醒自己：在积累适度财富的同时，也不要忘了追求那些与财富无关的事物，例如，和家人在一起的时光。请你一定要珍惜你的家庭，爱你的家人和朋友，善待自己，珍惜难得的亲密关系。

我出生于赣西乡村，年少时和父母算不上亲密无间，但天下没有不爱孩子的父母，我的双亲依然在他们物质条件和认知的极限内，给了我全部的爱。现在他们年事已高，而我身在外地，只能偶尔回家看望他们。因此除了每周打电话问候，我现在每次回家时都会拥抱父母，我觉得这能给年迈的他们带去一点点温暖，而这是多少金钱也买不到的。此外，我之所以选择暂时停下创业的脚步，也是想留出更多的时间来陪伴孩子成长。因为我知道，他们在成长的重要阶段，需要父亲的陪伴，而这份亲情的重要性远超金钱。

所以，无论你有多忙，都要抽出一些时间，陪陪老人和孩子，与闺蜜、姐妹、哥们儿、兄弟聚聚，或是通过电话与他们联络一下。人与人之间的情感是金钱换不来的。

其三，良善的品质。

良善的品质，在人和人的交往中，可以说是重要的"压舱石"之一。虽然我一直强调财富对人生的重要性，但是如果一个人的品行出现问题，那么他也就失去了做生意的基础：信用。

我就曾在生意场上遇到过这样的人：那是一个之前在互联网头部公司工作的同行，毕业于重点大学。在最开始的一两次聚会上，他对周围的朋友极其殷勤，不仅热情招待，还安排高档场所，提供美酒佳肴，因此，当时在场的同行都觉得此人人品不错，也很有格局。可当我真正开始与他谈生意时，却发现他拖欠款项，即使发微信、打电话去催，也从来不回应。后来，身边许多与他有过接触的同行朋友，都反映说自己也遭遇了同样的情况，因此也都与他断绝了来往。让这位同行丢了朋友和生意的，正是他的品行问题。品行就是如此重要，甚至可以说，在生意场上，好的品行比金钱更珍贵。

把"赚钱"变成一场游戏

人生，就像是一趟三万天的"旅行"，而赚钱仅仅是这旅程中的一场游戏。通过参与这场游戏，我们能够获取旅途中的路费及生活所需。除此之外，这趟旅程中还有很多值得探索的事物，如爱、智慧、梦想等，它们也能给我们带来丰富的体验。

那么，如何把赚钱变成一场有趣的游戏呢？

首先，要清楚地认识到赚钱不是生命的唯一目标，建立必要的"财务氧气舱"。

除了赚钱，人生中还有很多重要的事情，如健康的身体、亲密的关系、良好的品行，这些都是金钱买不到的，而且都需要我们花时间和精力去经营。

让我们一起做个思想实验：想象一下，截止到死亡之时，我们真正需要多少财富？这时你或许会发现，自己一生基础的吃穿住行所花费的金钱，可能并没有想象中的那么多。因此，我们大可以把更多的钱花在一些能为自己的生活提供保障的方面。

比如定期体检。从我个人角度来看，以合理成本购买一份健康保险很有必要，因为没有人能预测未来所有的风险。比如，我母亲在 60 岁前，曾以很低的价格为自己购买了一份健康保险。结果在 63 岁那年的一次体检中，她被发现血小板数据很低，虽然就医及时，避免了严重后果的发生，但治疗仍然花了 20 多万元。好在那份千元左右的商业健康保险，让我母亲得以报销大部分的医疗费用。从这个例子可以看出，定期体检并根据自己的实际经济情况制定合理的保险规划，是很有必要的，然而这却往往容易被人们忽略。保险机制就像杠杆，能为我们保驾护航。

好好赚钱，同时做好必要保障，这是我们体验包括金钱在内的各种人生追求的前提。

其次，要找到热爱，以"游戏"的心态去赚钱，否则，人生将会变成一趟苦差。

很多人因为觉得从事自己喜欢的事情赚不到钱而苦恼，然而，这其实是一种限制性信念。想要破除这种信念，你可以尝试把赚钱这件事情"游戏化"，而将"赚到钱"，仅仅当作这个游戏的一个结果。

《黑神话·悟空》的开发者冯骥就是一个很好的例子。他在大学毕业时迷上了《魔兽世界》，并深深爱上了游戏制作这个行业，但同时也对行业内过度逐利的行为很不满。他有一个梦想，就是用心制作一款优质游戏，注重其中每一个细节的打磨。功夫不负有心人，冯骥六年磨一剑，最终，他带领团队精心制作的大作《黑神话·悟空》一炮而红，让他实现了梦想。而因此带来的经济效益，不过是他"成功通关"的奖励之一。

如果你找不到自己的热爱，只为赚钱而活，那么你的生命旅程就变成了一趟"不得不上车"的苦差。

最后，要用心地工作，认真地赚钱，确保我们的生活能温暖有序地展开。

虽然理想都是美好的，但理想也要经得起现实的捶打。我采访的很多近百岁的老人在年轻时，大多都在努力认真地工作，好好存钱，这为他们年近百岁时拥有的良好生活和充分的医疗保障奠定了基础。有一次，我在中欧国际工商学院听尹烨先生分享：我们要进入百岁人生的时代，需要准备什么？除了保持锻炼、多交挚友、终身学习，他还补充了很重要的一条：在年轻时及时为自己存下一笔足以安享晚年的积蓄。

因此，在应当努力赚钱的阶段，我们还是要认真赚钱。只有有了一定的经济基础，我们美好的生活，才能有底、有序地展开！

请记住：虽然赚钱很重要，但赚钱也只是"游戏"，好好生活才是意义。

锤炼皮实的生存能力，有助于我们创造更多的物质财富。然而，除了物质财富状况造成的忧虑，人生的苦恼还有相当一部分来自我们的精神世界。如何修炼自己的"反内耗"体质，更轻松、自信、快乐地生活，这正是本书接下来要揭晓的内容。

中篇

修炼反内耗体质

精神断舍离：
你太累，是因为"内存"不足

"最近好累啊，感觉内耗得厉害，我该怎么办？"这是我在与读者互动时，经常遇到的一个问题。我的读者朋友们常说，他们之所以感到疲惫，是因为自己总是想得太多：职场的压力、与同龄人的比较、来自父母的期待、自我怀疑……这些想法让他们应接不暇、喘不过气。

真的是这样吗？

那个让我顿悟的夜晚

五年前成都的一个夏夜，我和同学们结束了一天的培训课程，正瘫坐在火锅店里。有位同学提议要去朋友家的花园看昙花，问有没有同学想一同前往。在大家沉默的时候，一位从事金融行业的女同学几乎没经思考就说："我要去。"这位女同学平时其实非常忙碌，但她在回答时眼里带着光。而我内心却在默默盘算着：明天还有一天的课程，晚上是在酒店多休息一会儿，还是和她们一同前往？如果去，会不会很晚才能回来，导致明天上课没有精神……直到晚餐快结束时，我还在犹豫要不要去。那位女同学只用一秒就决定了的事情，我花了半个小时还没有下定决心。

这个生活片段让我发现：真正耗能的不是行动，而是决策前的徘徊和自我博弈。犹豫不决是内耗的"元凶"！

这件事对我触动很大。此后，我特别喜欢观察那些果断、不内耗、精神状态饱满的人。他们为什么不会内耗？他们为何能如此轻松地处理问题？他们到底是怎么思考和决策的呢？

我们的大脑，像一台运转不停的计算机

和很多人一样，我曾经也觉得想得太多、徘徊不前，最终又毫无头绪、没有答案，是造成自身内耗的原因。后来我通过观察发现：这些答案只是表面的。其实，那些决策果断、雷厉风行的人，并不是没有想问题，他们考虑的问题可能与我们一样多，只是他们大脑的运转"速度"，比我们快了很多。

我们的大脑就像一台不停运转的计算机：如果计算机的内存特别小，还要执行大量计算，那它肯定会"卡壳"。而如果这台计算机不仅内存小，显卡、声卡性能还欠佳，那它运行起来不慢才怪。对于我们的大脑来说，那些对成败得失的判断，就是让我们的大脑"卡壳"的计算。

20多年前上大学时，我自己用二手零件组装了一部计算机，内存只有512MB，每次开机的时间都要比别的计算机长不少。运行 Photoshop 这

样的大型软件时，只是启动程序并对几张像素稍高的图片进行处理，计算机就会卡壳，必须重启，有时真是让我崩溃。想象一下，如果我当时还在这台计算机中同时还装了很多软件，如杀毒软件、音乐软件、视频、游戏等，它运转起来就更慢了。这就特别像我们的大脑，如果本来大脑的"内存"就不够，却被要求同时处理很多想法，还要进行大量成败得失的"计算"，那么大脑这台"计算机"又怎能不累、不过载、不崩溃呢？

我们到底被什么卡住了

因此，我们的疲惫，未必是想得太多，或者工作太多造成的。我们被卡住的原因有两个（见图 8-1）。

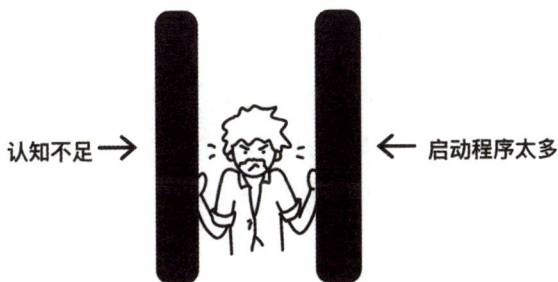

图 8-1　我们被卡住的两个原因

一个根本的原因，是我们的认知不足，导致大脑"内存"太小。

如果一个人的认知非常狭溢，他的大脑就像一台内存非常小的计算机，只要进行稍微复杂一点的运算（决策），就容易被卡住。如果我们升级了自己的认知系统，我们大脑的"内存"就会在升级中扩大。

我刚从大学毕业的时候，知道的唯一赚钱方式就是找一份好工作，定时领工资。这是我当时的认知。然而，仅靠领工资就想实现财富自由非常难：我刚毕业时的工资才 2000 多元，除去房租等日常生活开销，能攒多少钱呢？当时的我，连买一件 500 元的新衣服过年都要反复思量，因为那 500 元几乎相当于我一个月工资的所有结余了。

于是我开始沉淀自己，了解各种理财知识，学习其他人的成功经验。我的认知提升了。我开始尝试利用业余时间发展副业，并惊喜地发现这些副业带来的收入有时竟然比我的工资更高，这将我对于"创造财富"的认知提升到了一个新的高度。后来我入职搜狐，接触到的人和资源越来越多，我的认知系统得以进一步完善，大脑的"内存条"也扩容了不少。于是我开始创业，并在努力下取得了一定的成功。

回顾我的"内存"升级之旅，我发现自己之所以能够游刃有余地面对如此多的创富想法与选择，是因为我首先对自己"创造财富"的认知系统进行了升级，不再局限于"只有攒工资才能赚钱"这一狭隘的认知，并由此形成了良性循环。

另一个被卡住的原因，是我们启动的"程序"太多了。

当我们的大脑"内存"较小，却又启动了一系列"程序"时，也会让我们产生被卡住的感觉。而这些"程序"就是我们头脑中的想法。

你可以留心观察一下身边的人，然后就会发现，总有一些人想法特别多，一会儿冒出一个念头，今天一个想法，明天一个想法。可人的认知

"内存"本来就有限，如果还需要维持这么多想法的运转，那么人又怎么可能不累呢？而那些做决策、办事更加轻松的人，则常常特别专注，只把注意力放在自己认为有价值的事情上。

有一次，我问百度的联合创始人徐勇先生最近在读什么书。他的回答简单干脆："我啊，很多年都没读什么书了。这10年我只读一本书，就是《道德经》，每天能领悟里边的一句话就够了。"你看，当我们追求"多"，一门心思想做更多事、读更多书、完成更多计划时，有的人却在做减法。他们追求简单，不启动那么多的"程序"，反而能让自己的头脑更清晰、敏锐。

创维的创始人黄宏生先生也曾分享他的生活经验：尽管他快70岁了，但每天都准时五点起床，开始一天的工作，把绝大部分的时间，都放在了创维新能源汽车的开发上。我正好有幸和他的一位晚辈在一个研修班学习，她也印证了老爷子的专注与勤奋："老爷子太拼了，干劲十足，我们年轻人都比不过啊！"这些鲜少内耗的人，总会把自己的注意力专注在一件自己认为最有价值的事情上。这让他们不但不觉得累，反而每天干劲十足，进而往往能取得事业的成就。

那些不内耗的人

说到这里，我们已经看到，不内耗的人往往拥有以下两个方面的特质：一方面，不断"升级"自己的认知，这能让他不在一时的成败得失上纠结计较；另一方面，有自己热爱的事情，这能够让他保持专注，头脑清醒。

不内耗的人的头脑，就像很干净的电脑桌面，他们不会轻易启动自己的"程序"——换言之，不会让多余的想法扰乱自己的头脑。即使产生想法，往往也只选择其中的一个，并化想法为行动。在无数次这样的实践与反思中，他们就会形成自己独特的"算法"，并因此能保持自己的"算力"始终在线，这让他们遇见大事会谨慎，遇见小事也从不纠结，因为他们能随时调用自己的"算法"，快速做出决策，从来不拖泥带水。

比如，有一次，我去云南西双版纳拜访一个开茶厂的朋友。喝茶期间，我突然想到一个营销方面的好点子，这位朋友听了，二话没说，立马拿起电话打给了营销负责人，只用了两分钟，就让事情进入了执行环节。然后，他继续喝茶，好像什么都没发生过。

我的这位朋友为什么能如此果断地化想法为行动呢？因为他在茶叶生意方面有 20 多年的经验，他的商业直觉会告诉他，什么是好的思路，什么不值得做。一旦凭借这份敏锐的直觉做出了判断，他就会立即决策，并采取行动。功夫不负有心人，他茶厂的营业额几年来一直保持着每年 20% 以上的增长速度。

这些不内耗的人，都懂得做精神层面的"断舍离"：他们时时刻刻都清楚自己在做什么，他们不会让大脑这台"计算机"自动开机，让一些乱七八糟的想法分散自己宝贵的注意力。更重要的是，他们懂得随着时间的推移，不断革新和升级自己的认知，删除 99% 的不必要"程序"，并且通过实际的决策和行动训练自己的"算法"，以保障自己大脑的持续稳定运转。

我在搜狐工作时，结识了一位女性前辈，她是我的营销启蒙老师。她在门户互联网盛行的时代售卖"豆腐块"广告；当搜索引擎兴起时，她果断放弃"豆腐块"业务，开始转卖百度搜索广告；而当移动互联网广告出现时，她又果断抛弃了搜索引擎广告业务，开始专注于应用程序广告领域。在每一个所谓的"互联网风口"，她都能快速而果断地抓住机遇。

我曾经问她："你是怎么做到行动如此果断利落的？"她悠然地说："思平，你记住，如果你想分得时代的一杯羹，就要懂得持续迭代，保持和时代同频共振。"她不仅在行动中如此，说话也有这样的风格，每次和她聊天或谈合作，她从来不拖泥带水，很少内耗，总能保持能量满满。

在我创业后，为了将更多的时间和精力聚焦在业务上，我把微信的"朋友圈""视频号""直播"全部关闭了。告别它们的几个月，我渐渐觉得自己在时间上变得很"富有"，当需要获取信息时，我可以主动搜索，而不是被动地接受来自这些媒体平台的推送。

你可能会说："虽然知道了不内耗的要点，但我没有他们那么聪明果敢，我就是笨，做事情就是拖泥带水，很难快起来。"其实不是这样，因为每个人的大脑都不是铁板一块，都有成长和改变的机会。那么，我们该如何"升级"自己的大脑，让自己成为一个不内耗、不疲累的人呢？

如何升级，使自己活得轻快、不内耗

以下几招，有助于你实现大脑的快速升级，成为一个不再内耗、不再疲惫、轻盈而果断的人。

首先，也是最基础的一点，是要先升级认知。

认知水平其实就是大脑的"内存"，而大脑运行"卡顿"的原因之一，就是认知的狭窄，导致了"内存"的不足。因此，我们需要通过实践、阅读、反思，以及接触更优秀的人，来不断提升自己的认知水平，从而扩大自己大脑的"内存"，而不是在狭隘的认知范围中内耗。

我本来是一个性格十分内向的人，但在做了五年的媒体策划工作后，我越来越不满足于现状，于是便果断放弃了这个岗位，转做需要频繁与人交流沟通的商务。因为在我看来，商务和销售人员是最有机会在工作中接触前沿信息的人。转型后，我得以和本公司的各个部门，以及各大手机厂商接触，这极大地开拓了我的视野，让我的认知有了很大的提升，也让我发现其实在这个世界上有很多创造财富的机会，这也成为我后来选择创业的重要原因。在这个过程中，我的认知升级了，"内存"自然扩大了，我的性格也从内向变得外向。

其次，删除 99% 不必要的"程序"，把精力聚焦在你所热爱且有价值的事情上。

内耗的人有个明显的特点：由于认知水平和眼界有限，他们习惯于让许多想法在头脑中反复盘旋。这些不曾付诸行动的想法，就会导致他们的头脑"卡壳"，并引发内耗，一般表现为"既要、又要、还要"这样不切实际的幻想，以及做事时优柔寡断、犹豫不决。

例如，我曾在演讲协会结识了一位朋友，一方面，他虽然很想尝试创业，但又担心创业的风险，不想放弃目前的岗位和体面的收入，还担心创业后没太多时间陪伴爱人；另一方面，他又担心自己已经 30 多岁了，如果再不下定决心创业，之后可能就没有机会了。他就这样纠结了近一年时间，弄得自己痛苦不堪，还没开始创业就已经十分疲惫了。

显然，他启动的"程序"太多了，他的经历生动诠释了发生在内耗的人身上的"多线程崩溃"：既要稳定的收入，又要创业的机遇；既要时刻陪伴爱人，又要到商场中闯荡。在这种情况下，他当然会感到痛苦。于是，我对他说："你仔细想一想，自己到底热爱什么？如果你确实想创业，那现在就不用想那么多，果断舍弃一些东西。你可以先利用业余时间做些尝试，但确定方案可行后，就要全力以赴。在这个过程中，虽然可能有一段时间，你没法抽出太多时间陪伴爱人，但我相信，只要你向爱人解释清楚，她也能理解。"

后来，他在尝试自己的创业方案后发现确实可行，便果断离职，和几个合作伙伴"单干"了，目前生意也确实做得不错。由此可见，"删除"那些不必要的"程序"（想法），然后保持专注，只启动一两个重要"程序"，全力以赴地使其运转（采取行动实现想法），效能反而是最高的（见图 8-2），而且因为不容易陷入内耗，反而可能收获更多物质和精神层面的正面反馈。

图 8-2　卸载 99% 的"后台程序"

最后，人生的最终"算法"，是建立属于自己的深度求索（DeepSeek）。

在这个世界上，没有任何事是可以一劳永逸的。时代在不断地变化和进步，我们的大脑也必须持续不断地更新，与时俱进。因此，我们不仅要扩大大脑的"内存"，删除那些不必要的"程序"，而且需要打造自己的独特"算法"，创造独一无二、快速运转的 DeepSeek（见图 8-3）。

升级认知 ➡ 删除程序 ➡ 建立自己的 DeepSeek

图 8-3 反内耗三级跳

这个算法到底是什么？其实，每个人最终形成的算法都是独一无二的。具体来说，它其实就是我们面对事情时所展现出的判断、决策、行动、反馈、迭代认知等一系列为人处世的模式，这需要以大量的实践和反思为基础。不仅如此，该算法的构建还需要运用贝叶斯定律，也就是用新的信息来革新以往的做事方法，以提升我们所做的事情成功的概率。

比如，我之前判断一个人能否相处、合作时，一般特别在乎他带给我的第一感觉：这个人的表达谈吐、形象如何，是否懂得如何关照周围人等。然而，经过几十年的观察和判断，我发现这其实也是一种用刻板印象评判他人的做法。我们不能全凭第一印象来判断一个人的品质，而是要看他的行动，看他是否能真正去做实事，因为这个世界上夸夸奇谈却不干实事的人太多了，有些人甚至会刻意包装自己。而那些低调务实的人，常常不显山，不露水，却总能成就大事。这就是我对自己的"算法"进行的迭代。

再比如，我年轻时会天马行空地畅想自己所有的可能性，定下很多目标，结果却往往没有几个能真正完成。现在，我每年一般只定不超过三个目标，而且这些目标都与我认为有价值的、我所热爱的事情紧密关联。只要落实行动，完成这些确定的目标，我就十分满意了。

因为有了这几个确定的目标，我的时间和精力就有了聚焦之处，我也就不会把更多的时间浪费在其他我认为没有价值的事情上了。例如，2025年，我给自己定的几个目标是：完成第三部书的书稿、去 10 个国家旅行、尝试海外电商并通过多使用让自己更了解 AI 工具，以及更懂得如何爱孩子和家人。这让我能将其他没必要付诸实践的想法自动屏蔽，同时也使我能更加专注地做好自己聚焦之事。现在，我每天都在有条不紊地推进这几件事情，并因此感到满足。因为不再有那么多的内耗，我每天的状态都保持得相当不错。

在这个信息爆炸的时代，我们能做的最奢侈的事，不是掌握世界上所有的信息，而是敢于在精神层面"断舍离"，敢于割舍 99% 的无用想法。当你大脑的"内存"清空时，你的头脑才能清晰、通透，你才会不再内耗，变得轻盈而皮实！

破执念：
那些困住你的烦恼都是纸老虎

十年前，我曾参加过一次内观体验营：在营期内，所有营员都要上交手机，十日禁语，四点晨起，静坐观心。当外界声音被彻底屏蔽后，你会发现，大脑就像一个永不停歇的念头加工厂，每分钟都有大量念头在其中产生。你似乎可以看到无数个念头在自己的头脑中横冲直撞，旧的念头刚掉落，新的念头又产生了，无穷无尽……

这像极了我们的现实人生：一个烦恼刚消失，新的烦恼又来了。这不禁让人疑惑：我们的内心为何总是无法获得片刻安宁？为什么大大小小的烦恼总是在困扰着我们？在本章中，我们就来探究一下：这些烦恼因何而起？那些能不让自己被烦恼所困扰的人，到底做对了什么？我们又应该如何摆脱这些烦恼呢？

烦恼因何而起

至少，在我迄今为止的人生中，我从未见过完全没有烦恼的人，无论是不会说话的婴儿，还是年逾百岁的老人，都会有烦心的时候。从进化心理学的角度来说，这是我们人类在漫长的演化过程中逐渐形成的本能。根据我对身边人的观察，大多数人的烦恼主要来自以下三方面（见图9-1）。

认知不足

安全感缺失

比较心重

图 9-1　烦恼的三大原因

其一，认知茧房：被思维半径锁死的困兽。

人们对于事物的认识和看法，都会受其所处环境和所接触信息的影响，并最终在头脑中形成根深蒂固的观念。通常，人与人之间的观念都会有差异。

比如，有次我组织了一个讨论小组，和"商界思想家"冯仑先生一起讨论如何把握"银发经济"的机遇。组员们各抒己见，热血沸腾，畅谈自己天马行空的想法：康养、护理、服务、研发等，说得头头是道。冯仑先生在听完大家的见解后，稍作停顿，然后说："其实我们可以简单一点。日本和欧洲步入老年社会已经很久了，日本针对老年人的产品有 4 万多种，德国有 2 万多种，而且很多都经过了市场和用户的验证，既可靠又实用。如果可能，我们可以直接从这些产品中，选一些符合中国老人需求的，搭建一个线上或线下卖场，就可以直接着手销售了。这可能是发展'银发经济'的一条捷径。"

这个例子就体现了认知的差异：冯仑先生曾去欧美和日韩国家考察过上百次，其间了解过这些国家的银发经济市场，因此这是在他的认识范围之内的事情；而其他组员只能靠自己的想象从零开始构想银发经济的模式，认知和冯仑先生完全不在一个量级。我们面临的"研究银发经济"的问题，在他那里其实已经有了答案，这就是认知差异最直观的体现。

一般来说，认知范围较窄的人在遇到从未经历过的人和事情时，就会产生烦恼。因为他们面对的是从未接触过的人、事、物，所以会对此产生畏惧心理，进而担心自己无法控制局面，导致损失和失败。换句话说，他们对未知的恐惧，是他们茫然和痛苦的来源，而他们的烦恼也由此产生。因此，如果一个人不能及时拓展自己的认知边界，其烦恼就很难消除。

这就是"认知茧房"效应。认知心理学告诉我们，人总是倾向于接收与自己观点一致的信息，久而久之，我们就像井底之蛙，视野受限；一旦遇到超出自己认知范围的事物，焦虑和恐惧便会油然而生。

其二，安全感缺失：物质与情感的双重"饥荒"。

我在经济条件一般的岁月里，常常会遇到想买的东西买不起的情况。

那时的我，时常因为自己捉襟见肘的生活烦恼不已。

联合国公布的《世界幸福报告》显示：世界上幸福指数最高的几个国家或地区，大部分都集中在北欧，而这些北欧国家之所以榜上有名，其中一个重要原因就是这些国家或地区相对富裕，社会福利较好，为人们在生育、教育、医疗等方面提供了很好的保障。换句话说，在一些情况下，人的幸福感是以富足的物质生活为前提的。一个穷苦潦倒的人除非有足够高的认知水平，否则很难觉得自己是幸福的。

除了物质上的匮乏，情感上的匮乏也是产生烦恼的重要原因。一个人如果没有什么朋友，和家人、爱人、同学、同事的关系都一般甚至紧张；既不知道如何社交，也没有老师指点迷津，那么其生活恐怕也没有什么幸福感可言。而建立了良好亲密关系的人，即便有烦恼，在和家人倾诉一番，或者和朋友出来吃顿饭、聊聊天，纾解一下后，烦恼也许就不见了。

无论是物质上的贫困，还是精神上的孤独，它们给一个人带来的一大负面影响，就是造成其安全感的缺失。安全感是马斯洛需求层次理论中的次基础层级。物质上的匮乏，让我们为生存而焦虑；情感上的孤立，则让我们因得不到理解和支持而苦闷。当这两者都缺失时，我们就像漂浮在汪洋大海中的孤舟，随时可能被焦虑的浪潮吞噬。

其三，烦恼，常常是比较出来的。

我有个朋友之前在老家工作，和朋友们关系融洽，周围的人也都很尊重他。他有一份稳定的工作，收入在维持生活之外，还有不少结余。可以说，他的生活是相当幸福的。可是，他去了深圳工作之后，尽管工资提升了一些，但相应的开支也变大了，他在公司的职位没有原来高，在深圳当地也没什么朋友。现在与从前生活的落差，让他甚感失落和烦恼，一度想放弃在深圳发展的机会回老家。

在职场中，这类事情更是屡见不鲜。例如，我创业的第三年，招聘了一批大学毕业生，其中 A、B 两位员工在学历、工资等方面都差不多，刚开始表现得也都不错，只是 A 稍微比 B 强一点点。可三年之后，A 的业绩因为每年都领先一些，三年累计下来，竟超出了 B 好大一截。B 在工作第三年的年底，拿了 5 万元的年终奖，虽然这个数字已经远高于大部分员工，但是当他得知 A 的年终奖比自己还高 5 万元时，就开始焦虑、不满，感到烦躁不安，甚至闹着要离职。这就是 B 强烈的比较心在作祟。

有研究表明，在奥运会上，感到最开心的往往是铜牌获得者，因为对于很多铜牌获得者来说，能够获奖是"意外之喜"。而最不开心的则通常是银牌获得者，因为他们会觉得自己离金牌只有一点点距离，而且原本是很有机会获得金牌的。无论是铜牌获得者的开心，还是银牌获得者的郁闷，其实都是因比较而产生的。

人们总是倾向于将自己与他人进行比较，从而评估自己的能力和价值。然而，这种比较往往是"向上比较"，让我们更容易看到自己的不足，从而产生焦虑和不满。就像那句老话说的："人比人，气死人。"

认知有限、物质与情感的双重匮乏导致的安全感缺失、比较心重，是引发我们烦恼的三大"元凶"。我采访过一些烦恼极少的近百岁的老人，在他们身上，我看到了不一样的情形。

那些开心快乐的人

接下来，让我们来看看，这群不常被烦恼所困的老人身上，有哪些共同的特征（见图 9-2）。

心态好

没有匮乏感

有物质基础

图 9-2　开心快乐的三大原因

首先，那些开心快乐的人，心态往往极好，对很多事情都已不再介怀。

这些老人曾经历过很多事情，如战争、灾难、时代的变化等，也见过不少人，因此，他们对这个世界的认知已经超过了很多人。对于曾经历的坎坷，现在的他们早已释怀。他们已经放下了比较心，因为他们知道，其实每个人都有自己的不容易之处，都有自己的苦衷，我们应当好好珍惜自己所拥有的。

其次，他们没有什么匮乏感，显得非常知足。

他们经历过物资匮乏的年代，如今，无论是物质方面的丰富，还是精神方面的富足，都已今非昔比。他们感受到了时代的巨大变化，感受到生活正在变得越来越好，于是，他们内心的知足感和满足感油然而生，反而不会感到匮乏。

最后，他们都有不错的生活保障。

这些老人在青壮年时期，从未虚度时光。尽管经历过一些人生变动，他们仍然认认真真地工作。等到他们退休之时，基本上都已为晚年生活做好了准备，其中有些人还有不错的退休工资，这些都为他们的晚年生活提供了良好的物质基础和医疗保障。

我在成都采访过一位百岁老人，他姓罗，是一位老军医，有稳定的退休金，现在和60多岁的儿子同住，还请了一个保姆。最可贵的是，每天上午10点，他在美国的女儿都会准时给他打电话问候，这件事情让他感觉非常满足和幸福。如上文所述，良好、亲密的家庭关系也是减少烦恼的重要因素。

尽管已经100岁，他还和很多朋友保持着联系。在我采访后的第二天，罗老给我打电话说："小何啊，你还要采访老人们的话，我还有几个健在的老朋友，都90多岁了，也是成都的，都很了不起。"同时，他每天还坚持锻炼和阅读。每天都有事情做，让自己忙碌起来，这让他感觉特别充实。

这些老人，就像饱经风霜的参天大树，见证了时代的变迁。他们不仅变得皮实，也沉淀了人生的智慧。他们能放下执念，珍惜当下，拥有良好的人际关系和物质保障，做到了真正的"心安即是归处"。

打败"烦恼"这只"纸老虎"

或许有人会说："这些老人都退休了，他们的生活对我们来说没有多少参考意义，毕竟我们现实生活中的烦恼远比他们当年所经历的事情困难得多。"在这种情况下，我们又该如何消除眼前的烦恼呢？年轻时，我也常常感到焦虑和烦恼，经常会因为某些事情睡不着觉。然而最近几年，我的睡眠却好了很多，即使我已经40多岁了，平均每天也能睡足八个小时。生活中的烦恼，其实也没我们想象中的那么可怕。以下这些方法，可以帮助我们打败烦恼这只"纸老虎"。

首先，专注当下：用行动碾压焦虑。

其实，我们的很多烦恼都是"想"出来的：因自己的过去悔恨，为未来还没有发生的事情担心……想这些其实不能给我们带来任何幸福。当我们确定了一个想法大概的方向之后，唯一要做的事情，就是专注当下，把事情做好，而不是过度想象和担忧。其实很多事情，我们只要去做了，与之相关的烦恼也就没有了。

比如，当年我被公司裁员时，其实一度感到很失落，既觉得公司对我不公平，又担心自己的未来。然而，我发现这些想法并不能解决任何问题，只会让自己徒增烦恼。于是我放下杂念，认真准备转战互联网行业。在此之后，我就开始认真准备简历并不断投递，同时积极准备面试，并在每次面试失败后总结经验。如此循环了两个月之后，终于面试成功，我得以入职搜狐。因此，当我们感到烦恼时，要少想多做，新的事情可以覆盖很多旧的烦恼。

"活在当下"，这听起来简单，做起来却很难。心理学研究表明，我们的大脑总是倾向于回顾过去和展望未来，然而真正能让我们感到快乐和满足的，却是此时此刻的体验。因此，我们与其沉溺于对过去的悔恨和对未来的担忧，不如将注意力集中在手头的事情上。《心流：最优体验心理学》中的理论证实：**当专注力被投入具体事务时，焦虑就会自然消退。**

其次，认知升维：站在巨人肩上看世界。

良师益友是我们认知升维的助力，他们的建议往往能让我们的认知更上一层楼。离我们最近的良师益友，就是自己的亲人和朋友。比如，我的外公就在我的人生路上，给了我很多指引。他为人低调务实，从不张扬炫耀，在我父亲犹豫是否让我继续读高中时，是他果断建议我一定要去读高中、读大学；在我口吃严重时，也是他委婉建议我一定要努力改掉口吃，这些劝诫都对我未来的发展大有助益。

在我暂停创业脚步之后，我有幸遇到了梁冬先生，他给了我很多帮助。在送我的《处处见生机》一书的扉页上，他写道："人生无需紧张，可以适度放松一些！"他让我知道了"打开"自己比获取知识更重要，保持温暖比保持优秀更重要，让我知道了为人处世"入戏要深，出戏要快"

的道理，让我知道了"创造作品"的重要性。这也是我最近几年持续写作的重要原因。

过去两年，我又从王石、冯仑先生身上认识到，哪怕已经 60 岁、70 岁，人依旧可以保有激情、保有好奇、保有幽默，依旧可以积极进取；尽最好的努力，做最坏的打算；一定要"走出去"，要持续地做事，持续地创造。这些良师益友，都给了我很多力量，让我不断认识自己、提升自己对自身和事物的认知，并且让我重新获得了力量和激情。

当然，读书、拍视频、创业、写作、游学等活动，也可以成为我们的"良师益友"。做这些事让我懂得了维护亲密关系和持续学习的重要性，让我知道了只有不断提升自己的认知和格局，多角度、多方位地看待事物，才可以不断减少迷茫和烦恼。

这些良师益友既像一面镜子，让我们更清晰地认识自己，也像一盏明灯，指引我们前进的方向。他们 / 它们不仅能拓宽我们的认知边界，还能给予我们情感上的支持，让我们在面对困境时不再孤单（见图 9-3 ）。

图 9-3　良师益友的好处

最后，价值创造：在真实世界建立坐标。

很多时候，我们之所以感到烦恼，是因为未能达成某些目标，感觉自己一事无成。因此，在真实的世界里，调整自己的行动，用行动去创造更多的价值，建立自己的"坐标"，是我们消除烦恼的重要方法之一。

就拿写作中的烦恼举个例子：当你花费很多时间写好了稿子，准备出书时，编辑却说内容不行，需要修改。这时，你难免觉得很委屈，感觉付出的劳动白费了，并因此感到烦恼。那么，你此刻是否还愿意听取编辑的建议？我愿意。因为我的编辑已从事图书行业15年，我相信他的判断力。于是我从头再来，先询问读者朋友们，了解他们内心的"卡点"，再结合自身的实践思考，梳理我能为读者提供哪些有参考价值的建议，并以读者喜闻乐见的方式将这些建议表达出来。如果我不顾编辑的建议，不去调整自己的行动，就很可能导致我与读者脱节，也就无法给他人创造价值。

在现实社会中，我们只有通过自身的努力，创造更好的物质基础，才能更有底气地追求梦想，也更有能力去帮助他人，为他人和社会创造更多价值。

请记住，那些困扰你的烦恼，其实都是"纸老虎"。只要我们专注当下、升级认知、努力在真实世界创造价值，就能破除烦恼，找到内心的平静和力量，活出属于自己的皮实且精彩的人生！

解构社会时钟：
抛开成见，拒绝被定义

　　那些过度在乎别人看法的人，做起事来往往畏首畏尾，如果他们任凭自己被别人的成见困住，往往就会一事无成。

　　小时候，我有极其严重的口吃，只要一开口，就会被人们取笑。紧张的我本想反击两句，结果越紧张越结巴，引来众人更大声的嘲笑。从此以后，我不敢说话，因为我知道，只要我一说话，又必将引来嘲笑。这是我童年的阴影，它让我习惯了保持沉默，缄口不言。多年来，我一直不敢表达自己。

无形的精神枷锁

　　那些来自外界的评价和眼光，是我们生命中无形的枷锁，限制着我们的自由生长。在生活中，谁不曾心怀梦想，渴望一展拳脚、肆意驰骋？可总有一双无形且蛮横的大手，将我们狠狠拽住，那便是成见，是别人的嘲笑和讥讽，是他人的眼光和评价。它潜伏在世俗目光的暗处，悄无声息地给我们套上了无形的枷锁，深深限制着我们生命的自由伸展，不动声色地阻挠我们追求内心的渴望和梦想。

这些枷锁无处不在。我考入大学后，依旧胆小如鼠，不但不敢表达自己，在看到来自大城市、多才多艺的同龄人后，更是产生了深深的自卑感。我操着一口带着浓重方言口音且很不流利的普通话，不敢表达、不会跳舞，也不会弹琴。即使碰到心仪的女生，我也完全没有表达心意的勇气，因为担心她会笑话我寒酸，我怕被别人嘲笑、看不起。

甚至，在参加工作后，我也不敢在上级面前陈述和表达自己的见解，因为我特别担心万一自己的表现不好，就会给上级留下不好的印象。因为要做一个"听话的孩子"，所以我在上级面前永远是被动接受工作的姿态，只敢说"好的"，把创意咽回肚子里，活成了"职场透明人"。

那些他人的眼光和无声的评价，渐渐在我心中形成了一套标准：别人认可肯定的就是好的，别人嘲笑批评的就一定是不好的。这套标准让我过分谨言慎行，内心总是有种恐惧感。这些看不见的枷锁限制着我，让我的精神世界萎缩，也让我失去了一个年轻人应有的生命活力。

我不知道你是否也曾有过类似的经历，但我们就活在这些世俗的成见中，活在他人的评价里。这些成见和评价看似无害，却让人逐渐窒息，使我们很少从自己的内心出发，去追逐自己内心的渴望。

自己一手制造的困局

成见，指的是一种对某个人或某个群体的固定看法。它不完全是由别人造就的，因为我们自己也参与其中，成为构建成见的"合谋者"。成见的形成，并非一蹴而就，而是一个长期的过程。

我们自小就从父母、老师、朋友那里习得了一套评判是非对错的标准，这些观念和标准一旦进入我们的内心，就容易形成成见，并且很难被破除。

打个比方，如果我听到别的小伙伴说话结结巴巴，在我童年那个人人认为"口吃的人说话很搞笑"的环境中，估计也很难控制自己不笑。因此，我并没有资格去指责他人，我自己也是这些成见的参与者。正是这一个个的参与者，构筑了群体、社会的成见。这些成见一旦形成，就不容易被破除。

同时，这也和大脑的结构密切相关：人脑为了处理复杂信息，倾向于采取标签化的方式，其中就包括将人分类成不同的群体，并且赋予不同的人群以不同的标签，从而形成刻板印象。例如，"有钱人一定很优秀""人到了老年就会落伍"等。这些标签其实都是我们的大脑为了简化认知而制造的，可事实上，这些标签化的刻板印象中可能存在极其严重的偏见和误判。

当然，成见的形成还和我们从外界接收的信息、我们自身的经历等密切相关。

至此，我们应该清楚，成见和偏见的形成，其实经历了一个漫长的过程，它受到外界信息、生活经历、认知结构等诸多原因影响。而我们每个人，都可能参与了成见之网的编织过程，这张无形的网束缚着我们的想象和行动。

家庭影响　认知结构
生活经历　媒体环境
文化传统　成见　自身参与

成见并不可怕，可怕的是被成见困住，却没有突破的勇气。

每一代人的思想都有其局限性，其中可能包括正常观念和偏见，而前辈们的经验也未必经得起时间的考验。时代在不断变化，很多陈旧的观念是时候被破除了：我们不应该在乎这些评价，而是应该用勇气去破除制造这些评价的观念，去创造新的可能和未来。

拒绝被定义：什么成见？我不在乎

只有意识到自己正在被他人的评价和眼光束缚，我们才能突破它们，去寻找新的可能性。

进入大学一段时间后，我意识到怯懦、自卑对我并无益处，我不能被他人的嘲笑左右、束缚。于是，我花一百多元买了一台复读机，还有一本《现代汉语词典》。我勇敢向来自北京的同学请教，向他学习每个拼音的读法，然后一个字一个字、一个拼音一个拼音地开始读，并把自己的读音录下来对比，就这样反复练习，我的普通话发音终于有了一点点进步。之后，我报名参加了普通话推广协会，在活动中朗读《一把炒米》时，获得了大家的阵阵掌声。我还加入了学生会的宣传部，尽可能地创造机会，表达自我。尽管进步比较缓慢，内心也仍有自卑和胆怯，但是我至少不是待在原地，这让我看到了一些改变的希望和可能。

与此同时，我在大二时，花了很长时间，攒钱买了破旧的二手零件，自己组装了一台计算机。通过这台计算机，我找到了自己的热爱——广告设计，这让我兴奋不已。我开始如饥似渴地使用 Photoshop 软件，组合各种图案，夜以继日地创作作品，并带着它们参加各种大赛，还和同学们获得了其中一个大赛的大奖。而在大学期间穷游中国的过程中，我趁机拍摄了不少摄影作品。到毕业时，我竟然举办了一场以"存在"为主题的广告与摄影作品展。在这之前，我就读的大学还没有人举办过这样的展览。为期一周的展览，引得很多同学驻足观看，几本留言册上写满了很多令我至今难忘的激励留言。

从此，我学会了不被他人的成见和眼光裹挟，从自己内心的渴望和热爱出发，勇敢地翻越那些自己和他人构建的"成见"之墙。我开始对未来有了更多的信心。

什么成见！拒绝被定义，勇敢做自己，才有机会看到可能和希望！

在离我老家十多公里的地方，有一个年长我十来岁的学长，在他中考之时，他的父亲和其他家人都建议他去读师范中专，因为可以免除学费，而毕业后成为教师，也是一份不错的工作。

但是少年时的学长却对他父亲说："您一直告诉我，要成为一个做大事的人，读高中、上大学就是我现在应该做的事情啊！"最终，他如愿以偿，考上了新余一中，并在1988年考入清华大学机械系。本来他当时已经可以分配到一份不错的工作，而他却依据自己内心的想法，又去北京大学光华管理学院读了管理学。毕业后，他工作了几年，就又去美国沃顿商学院读了工商管理硕士。后来，他本来在一家外企有一份很不错的工作，却偏偏跳槽加入了刚进入中国的谷歌，成为谷歌在国内的第一批员工之一，负责营销及投资并购等业务。2008年，他被马化腾看中，受邀成为腾讯投资并购部门的总经理，滴滴与快滴、美团与大众点评的并购项目，都有他的参与。开始自主创业后，他又投资了小红书等独角兽企业，成为中国投资界的重要人物。

如果当初他屈从于父亲和家人的建议，现在就不可能取得如此大的成就。

其实，一个社会的发展又何尝不是如此：如果没有勇于突破传统观念和成见的年轻人，社会就很难实现真正的进步。正如二三十年前，如果没有张朝阳、马化腾、丁磊等人突破传统传播理念，积极拥抱和推广互联网，互联网行业的发展就可能要延迟很多年。

很多机会都属于敢于突破成见的勇敢者，而那些徘徊不前的人，就可能错失大量的机会。任何一个时代，都会有新的机会涌现。只要勇于突破限制和成见，顺应时代变迁，你也能抓住机会。

比如，20世纪90年代末，人们都觉得电商是个新领域，不敢涉足，然而马云敢于突破这种思维定式，最终取得了成功。当淘宝和京东两家独大时，人们认为新的电商平台几乎已经失去了发展机会，而拼多多的创始人黄峥就是不信邪，硬是从社交电商切入，分得了电商领域的一块大蛋糕。当人们以为三足鼎立之势不可撼动之时，张一鸣勇于突破，用直播的方式占领了电商市场的不少份额，而且这一模式至今仍呈增值之势。所谓的"行业天花板"，不过是前人自我设限心理的外在投影。

因此，我们要相信机会永远存在。就像刚刚所言的电商行业，除了国内市场，还有跨境电商这一覆盖 60 多亿人的市场等待开发。而已经来临的 AI 时代，也一定蕴含着大量创造财富的机会和可能，这些机会可能更多会属于"90 后""00 后"一代。

我在创业之前，负责优酷和土豆在华南地区的商务合作，薪资待遇和福利都非常不错，我的家人们也这样认为。然而，我能看到这个岗位的上限，因为它本质上还是受雇于人，想要创造更多的财富，创业势在必行。于是，我打破了成见，勇敢地放弃了看上去还不错的工作，果断地踏上了创业之路。如果说我如今也算取得了一点点成绩，那么，我应该感谢当年那个勇敢的自己。

经济学家塞勒指出，人们总是高估已有路径的价值，却低估突破常规的收益。其实，勇于突破，就有可能创造更大的价值。

我们已经看到，只有破除成见，解构社会时钟，拒绝被"成见"定义，我们才可能拥有新的机会和可能，而这需要勇气和魄力。因此，你可能会问：我们应该如何"破除成见"，勇敢向前呢？

三步助力破除成见，勇敢向前

如何破除成见？要采取以下三步（见图 10-1）。

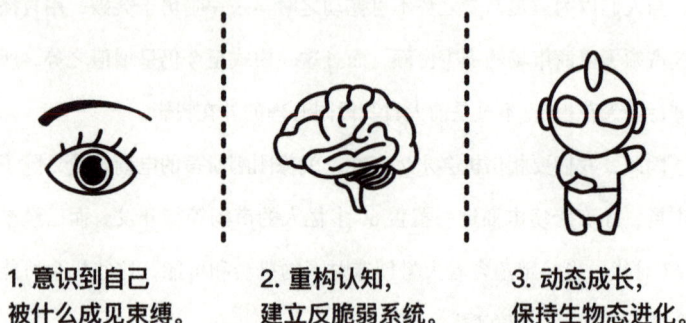

1. 意识到自己
被什么成见束缚。

2. 重构认知，
建立反脆弱系统。

3. 动态成长，
保持生物态进化。

图 10-1　三步破除成见

第一步：看见即自由，要意识到自己到底被何种成见束缚和困住。

如果我们连自身被什么所困都意识不到，又何谈突破呢？

就像当初，如果我只知道自己是个"口吃者""被嘲笑者"，只承认自己是一个深陷痛苦的受害者，而没看到"被他人嘲笑"，其实只是一种他人的眼光和成见，是根深蒂固的社会时钟，那我就不可能真正突出重围，就可能永远是个"口吃者"，不可能改变。这在心理学上叫做习得性无助，即人在遭遇连续性失败、否定、嘲讽之后，感觉自己无法改变事情的结果，从而放弃尝试的心理状态。

意识到困住自己的是什么很重要。当我意识到自己是被"口吃会被嘲笑""被嘲笑的感觉不好受"这些成见束缚时，我反而有了突破的勇气和可能，因为我只要勇敢改掉口吃，就不会被困在原地了。

有句话说：看见即自由。"看见"带来了解脱和自由的可能，当我们"看见"困住自己的是什么时，我们就有了突破的机会和可能性。

第二步：重构认知，建立反脆弱系统。

请相信，人类目前认知的真理大多仅仅是阶段性的假设和论证。那么，成见和偏见就更不值一提。所有的成见，都只是他人的一个看法、一个认知角度而已，它并不构成事实本身，因此我们无须被其限制，而要勇于打破这些根深蒂固的"社会时钟"，破除这些阻碍我们的成见，勇敢做自己，让自己变得更加皮实。

哪怕在极端情况下，这些偏见也不能对人造成实质性伤害。《相信》的作者、渐冻症患者蔡磊就是个很好的例子。在绝大多数人看来，当病情发展到了晚期阶段，患者的生命即将结束，他能做的似乎就只有安静地等待。但他偏不妥协，而选择在逆境中前行。他辞去了京东高管的职位，到处筹集资金，组建顶尖的科研团队，与各大医疗机构和制药公司合作，收集数据，致力于寻找治疗渐冻症的系统性方案。最终，他将这一领域的研究推进了一大步。

同样，如果十多年前，我选择了留在大多数人认为工作环境、待遇还不错的互联网大厂，继续安逸地待下去，就无法取得现在的成就。

因此，我们不能被狭隘的成见左右，而要敢于破除这些成见，勇敢在不确定的环境中尝试，让自己在所谓的"风险"中成长。唯有如此，我们在面对环境的压力、波动和冲击时，才能不被削弱，并且可能变得更强大。正如尼采所言：那些杀不死我的，必使我更强大。只有勇于突破成见，才可能有更多的可能和机会。

第三步：动态成长，保持生物态进化。

最后，我们还应该顺应时代的脉搏，勇敢地"走出去"，让自己动态成长，保持进化和迭代。

其实在五年前，我就想做出海业务，但是当时觉得自己一点都不懂海外市场，不懂海外用户的真实需求，英语也不算好，左思右想之后还是放弃了。

但正如此前提到的，随着和越来越多做出海业务的朋友交流，我发现海外市场的确大有可为，语言也不是问题，甚至很多英语还不如我的朋友，海外的业务也做得风生水起。

而去年初参加运河商学的第一堂课，在王石先生、冯仑先生和周鸿祎先生的主题分享里，我再次听到了这两个字——"出海"，那次学习进一步坚定了我做出海业务的信心。

自那一刻起，我的思维开始转变和进化，不再被"不懂""不了解""英语不好"这些观念和成见束缚，而是勇敢地走出去：我开始了解和考察出海项目，同时不断与有出海经验的朋友、同行交流，甚至还去了新加坡、马来西亚、英国等地考察。终于，在 2025 年开春之际，我确定了"内容出海"的项目方向，这是我喜欢的事情，同时也顺应了时代趋势。该项目的核心是创作好的视频作品，这些作品将在全球范围内发布；我未来两年的愿景目标，是希望每天有至少 1 亿世界用户能看到我团队创作的作品。

2025 年 4 月 7 日，我的"内容出海"公司开业，到 7 月，公司作品的平均每日播放量已经突破了 300 万次，8 月的平均每日播放量预计突破 1000 万次。预计 2025 年年底，平均每日播放量将突破 5000 万次，我们离我们的目标越来越近。

希望我的亲身经历能给你启示：不要被你的成见束缚了，勇敢地走出去，突破束缚，拥抱新事物，顺应时代趋势，找到自己喜欢的事情，然后坚定勇敢去做，就能不断创造出新的价值！

当你感觉被困住、被束缚时，请去探究，到底是什么阻碍了你，然后大声说：什么成见？我不在乎！我的时钟，由我定义。

唯有如此，你才能潜力无限！

反脆弱的自信养成术:
在挨锤中越来越强

曾经，我极度自卑，特别羡慕那些一举一动都仿佛自带光芒的人。

为了摆脱这种自卑状态，我一度疯狂寻找"解药"：名人传记、心灵鸡汤、各种心理学课程……"鸡汤"虽好，但喝多了也容易腻。最终我发现，想要战胜自卑和懦弱，不能只靠勤奋地学习心理学课程，或者参与各种疗愈小组。

自卑真正的解药，藏在我们自己身上：如果想让自己变得越来越自信，就要增强自我效能感，并构建强大的内核和秩序感。

自信到底来自哪里

书上提供的寻找自信的方法很多。例如，镜子练习法，就是每天对着镜子说："我很牛！我很棒！我一定可以的！"持续的自我暗示虽然有用，但你如果认为仅仅靠这一点就能改变自卑，那就太天真了。还有人说，通过找到和分析自己的"内在小孩"，看见童年创伤，并与"内在小孩"对话，你就能实现自我和解，走出自卑。

这些方法我都或多或少地尝试过，相关书籍也读过不少。说出来你可能不信，我曾每天早上朗读《世界上最伟大的推销员》，持续了好几年。这一做法对于自卑的人虽然的确有些帮助，但真正能帮助人走出自卑、让人脱胎换骨的，绝不是这些纸上得来的东西。

这些年，我见过一些在其专业领域内取得了卓越成就的人，有企业家，也有学者。我发现，他们的自信，既不是那种盲目自信，也不是靠吹嘘自己认识什么大人物、当年参加过什么大项目获得的自信，而是由内而外散发出来、仿佛刻在骨子里的自信。通过多年观察，我发现他们在自信方面的一个共同点：持续地做事，并且持续地成事。

持续成事，才是自信的真正来源

做成一件事情或许不难，任何人都可能做到，但要持续地做成事情，却绝非易事，而持续地成事，正是自信的核心来源（见图 11-1）。

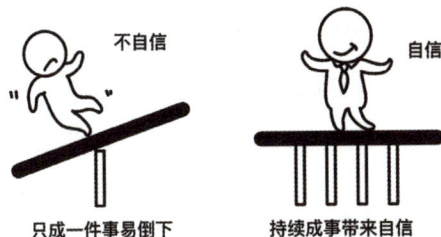

不自信

自信

只成一件事易倒下

持续成事带来自信

图 11-1 自信的来源

记得有一次在福州，我和万科创始人王石先生吃饭，饭间我问："王老师，您已经 70 多岁了，在这个年纪，您的自信和激情从何而来？"王石先生放下筷子，顿了顿，然后讲了一个故事：他和华大基因的联合创始人汪建先生相识多年。他第一次成功登顶珠穆朗玛峰时，汪建先生确实很佩服他。然而当他们一同登顶珠峰后，当时前来采访的记者询问汪建先生的感受，大家本以为他还会赞扬王石老师，结果汪建先生却说："没什么了不起的！我还是科学家呢！"

王石老师听后，心中有些尴尬。他心想："虽然我们都是企业家，都能登顶珠峰，但汪健还是科学家，还有留学背景！"这件事成了他去海外留学的重要动因之一。几年后，在他即将获得剑桥大学颁发的院士称号时，还特意邀请汪建参加他的加冕仪式。汪建本不想去，然而王石硬是"拖"着他去了。说到这里，王石先生自己也哈哈大笑起来。

最后，王石先生总结道："什么是自信？自信就是你能做到而我也能！我和汪建是好朋友、好兄弟，什么是好兄弟？好兄弟就是既能相互敬重，又能相互鼓励、相互激发。"

从创立万科，到参与登山、滑翔伞、攀岩或赛艇等活动，再到在 70 岁创立深石资本，王石先生都表现得十分自信。这份自信，来自他在过去的 40 多年时间里，持续不断地做成的一件又一件事。即使经历了一些低谷和风波，他也没有因此退缩，而是在反思中不断成长，最终成为如今备受尊敬的企业家。

我的成长经历也印证了"成事是自信的来源"理论。在没有做出任何成绩时，我缺乏自信的底气。刚大学毕业时，我非常自卑，因为我的同事们都毕业于顶尖高校，工作经验也很丰富。而我学校普通、缺乏经验，在工作中只能打打下手。在同事们面前，我说话都颤颤巍巍，缺乏力量。

我真正开始自信起来，是在大学毕业三年后。这一年，我成功入职搜狐，这在当时并非易事。更重要的是，我已经可以独立完成一些方案项目，并因此得到了上级和公司的认可。后来，我开始尝试经营副业，其收入甚至超过了我的主业。随着一件又一件事被我做成，我变得越来越自信，说话也越来越有底气。这不仅仅因为社会经验的积累，更重要的是，我逐渐意识到，此时我的认知、见识和做事能力，都很可能是其他人所不具备的。从此以后，我就对学历等外在条件"祛魅"了。我越来越相信，**真正的自信，源于不断做成事情**。

为何只有成事，才能带来自信

人们常说："想都是问题，做才有答案"，这句话只说对了一半。我们的焦虑、自卑，很多时候确实是自己想象出来的。天天胡思乱想、坐而论道，只会加剧焦虑，不可能让人获得治愈。只有撸起袖子、行动起来，才有可能驱散想象带来的焦虑。

但努力做事，未必能带来自信，自信的关键在于"成事"。企业家史玉柱先生曾说过："我们做事情、办企业，不看苦劳看功劳。"我对此深以为然。在现实世界里，做事的过程固然重要，但是结果更重要，如果一个人在做事的过程中付出了巨大的努力和牺牲，却最终一事无成，那是极为令人惋惜的。想要通过行动变得自信，我们需要获得好结果，需要"成事"。无论大事小事，只要能把事情做成，你的自信就会增长。

如果持续做事却持续失败，又不反思和改进，你就会因为这些负反馈陷入更深的自责泥潭。而一个个小的成功，却可能带来更大的成功，你也会因为这些正反馈变得更自信。这就是正反馈的价值。人会在逐渐变强的过程中，获得越来越多的自信。

就像 15 年前我刚尝试做副业时，虽然一天可能只能赚几十元，但这点小收益已经足够我坚持做下去。结果，三个月后的一天晚上，有个客户通过我的淘宝店买了上百张电影票，让我一晚就赚了 1000 元，这个"千元之夜"让我信心倍增。有了信心后，我在 2014 年给自己定下了一个看似遥不可及的目标：赚到 100 万元！结果，这个目标竟然也被我完成了。持续地成事，让我对自己越来越有信心，这也是我后来决定创业的重要原因。

持续地成事，会不断给你带来正反馈。同时，在持续成事的过程中，你能见识到各种情况、认识各种人，从而掌握更多的决策方法、战略和战术，这些经验会在你的内心构建起一个稳定的系统，让你越来越自信。

持续地成事，就会带来持续的信心。

只成功一两次，可能只能为我们带来短暂的信心，而很难带来持续的信心。我清楚地记得，20 多年前，我有个高中同学考取了全国排名前五的名牌大学。我们这些同学当时都为他开心，他当然也很自信。然而进入大学后，他没有很好地适应，后来找工作也不顺利，几年之后就泯然众人了。这位同学的经历说明，我们不能完全依靠短暂的成功或偶尔的成事所带来的短暂的信心。人生是一场漫长的马拉松，自信需要我们持续行动，持续成事。

　　无论事情大小，什么都不愿做的人是不可能获得自信的。诚然，人不需要总是紧绷着，也无须时时刻刻都在做事，可以偶尔放松一下，但要真正克服自卑和懦弱，我们就必须去行动，去做，去持续地成事。

　　现在你应该可以理解，要真正地克服自卑，不是单单靠读几本书、参加一些疗愈课程就可以实现的，而是要去做事。这些事可大可小，可以是打工、创业、写作，甚至可以是种田，只要去做，都没有本质的区别，关键是，你要做成一些事情。

　　你可能会说："说起来容易，做起来难啊！成事哪有那么简单？"事实上，成事也未必有你想象的那么困难。

如何持续地成事，以建立起真正的自信

　　以下这些方法，可以帮助你持续地成事，建立起属于自己的真正自信（见图 11-2）。

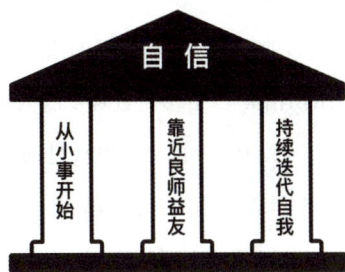

图 11-2　建立自信的方法

其一，从小事开始，累积自信。

我们应该从小事开始尝试，成功做成小事，可以帮助我们逐渐建立自信。

没有人一出生就能成事或成大事，任何大的成就，都需要我们一点点积累、一步步行动。2020 年，我的一个朋友用视频记录了他去西藏旅行的感受。他把一些路上的经历用手机录制成视频，再在社交媒体上分享。受其影响，我当时就萌生了一个想法：我特别想去北京采访一位 97 岁的老者，他是我外公的旧交，1946 年就读于北京大学，是胡适、许德珩先生的学生，也是梁漱溟先生的忘年交。我想把他近百年的人生故事用视频的形式记录下来。我把想法和那位去西藏的朋友说了，他对此表示支持。其实，我之前就已经有过这样的念头，却迟迟未采取行动，总有各种借口。而这次，我很快买了一张飞往北京的机票，并请了一个摄影师，去采访这位老人。拍摄持续了两天，在此期间，老人讲述了他一生的经历，我也向他请教了很多问题。这次成功的拍摄经历，让我受益匪浅。

此后，一个更大胆的想法开始在我的头脑中酝酿：我要拍摄 100 位近百岁的老人，记录他们的故事和智慧。于是，从 2022 年开始，我开始在全国各地寻找来自各个行业、愿意分享自己的故事且能良好表达的高龄老人。至今，我已经采访拍摄了 50 多位近百岁的老人。我相信，这些老人的故事，或许能成为过去 100 年的一种时代见证和缩影。我现在对完成"百岁老人拍摄计划"信心十足，相信自己一定可以做到。

很多所谓的"大事"，都是从小事开始、一点点积累而成的。每做成一件小事，我们的信心就能增强一点，也为做更大的事做了一点点准备。然后，我们就可以尝试去做稍微大一点的事。经过时间的打磨，很多小事就可能变成"大事"了。**每次小小的胜利，都会逐渐累积，变成巨大的自信，助你成就更大的事情**。在做成小事的过程中，我们的自信也就慢慢建立起来了。

其二，靠近良师益友，加速成长。

理论上讲，只要有充足的时间，任何人都可能干成任何伟大的事情，甚至造出一艘宇宙飞船。然而人生短暂，我们做事的时间是有限的，因此，靠近优秀的人，获得良师益友的助力，可以加快你的成事速度。

漫画家蔡志忠先生曾在课堂上分享过两个获得成功的要点，让我茅塞顿开：第一，找到自己热爱的东西，这非常重要，如果没找到，一定要持续寻找（乔布斯也说过类似的话）；第二，持续做下去，不要停下来，这也是他每天都画画，而且能找到自己的差异化优势的原因。仅仅听了蔡先生一堂课，我就收获良多。

虽然在听这堂课时，我的第一本书还没出版，但当我听到他说"持续做一件事情"时，就更坚定了自己在五年内写三本书的信心和信念。蔡志忠老师画了六十多年画，而我也一定可以用五年时间写出三本好书。我相信，只要我持续向优秀的人学习，就一定能做好这件事。

因此，多向优秀的同龄人、优秀的老师学习和请教，能够提升我们成事的效率，帮助我们更快、更好地建立自信，变得皮实，走出自卑的阴影。

其三，持续迭代自我，更新成事的信心系统。

没有什么东西是一成不变的，我们以为固若金汤的信心来源，如事业的成功、热爱的行业，也可能因为时代和科技的进步而发生变化。我们需要意识到，我们的"信心系统"，其实也需要持续地迭代。

信心系统的建立，特别像搭建一座房子。"自信"就像由许多支柱支撑的屋顶，而每做成一件事情，你就建立了一根支柱；持续成事，支柱就会越来越多，这个信心系统就会越来越稳定。然而，由于时代的局限，有些支柱可能因不适用于如今的情况而需要更新，以便更好地支撑这个系统。

例如，在我小的时候，父母常常用匮乏之后的满足感来激励我们学习的信心。我妈妈经常说，你如果不努力，今后就会吃不饱穿不暖，要吃一辈子苦头。在很大程度上，匮乏的现状激励着我持续不断地学习和努力，而且在这些努力之中取得了一些成绩，也逐步建立起一些自信。

但是现在的孩子生活条件变好了，他们的信心应当源自他们从热爱的事物中获得的正反馈，因此，家长需要让他们大胆尝试各种各样的可能，帮助他们找到擅长的事情，扬长避短，才可能不断增强他们的信心。只有以鼓励为主，不断给予孩子肯定和力量，才可能使他们逐步建立自信。

这仅仅是一个例子，如今，和孩子一样，我们的很多信心支柱，也需要不断与时代呼应，与现实契合，才能真正支撑我们的信心系统，并使其不断更新。这样，即使到了老年时期，我们也不会因为年老而变得自卑，反而能活得更加开心和达观。

最后，请记住：人人都可以克服自卑，而成功做到这一点的关键，在于持续地成事！请相信，只要从小事做起、向良师益友学习、持续迭代自我，你也一定可以变得越来越皮实，越来越自信。我相信你能做到！

稀缺幸福感公式：
欲望减半，幸福翻倍

查理·芒格的忠告，像浇在我们焦虑上的一盆冷水。他的核心思想之一，可以概括为：真正的幸福，始于对欲望的"断舍离"。

这句话乍听像一碗"毒鸡汤"——降低欲望，我们还怎么追赶同龄人的脚步？不努力争取，我们又如何实现自我价值？如果降低欲望，我们还怎么赚钱养家、追求热烈的爱情、实现自己的理想生活？

15年前，我去佛山拜访一个老同学，当时他的手机生意做得红红火火，我就向他请教把生意做成功的秘诀。他停顿了一下，眉毛上扬，意味深长地说了四个字："欲望强大！"这段经历至今让我记忆犹新。

诚然，欲望能够激发潜能，尤其是当我们还很年轻时，不少人靠强大的欲望带来的高昂斗志，创造了大量的财富。然而，如果不能很好地驾驭和控制自己的欲望，伴随我们的，会是更多的痛苦。神经科学研究证明：当由多巴胺驱动的欲望，超出大脑前额叶皮层的控制范围时，大脑会陷入"奖赏预测误差"的恶性循环。在这种情况下，我们就会变得像永远追着胡萝卜跑的驴，看似在为目标而努力，实则被困在欲望永远无法满足的痛苦中。

让我们先从反面看看：如果无限地扩张、增强我们的欲望，到底会带来什么结果？

不止的欲望，无穷的痛苦

2020 年前后，我公司的业务进入下行期，利润急剧下滑。为此，我做了一些其他尝试，结果皆不如人意。于是，我决定关闭公司。在关闭公司之后的半年时间里，我时常感到非常痛苦。我总在想：公司之前每年都有不错的利润，而关闭公司后，我就突然没有了收入，而且整个人也突然变得无所事事；周围的人还在努力地经营事业，我还不到 40 岁，还精力充沛，不能什么都不做，不能就这样虚度时光……那是一段无比痛苦的日子。

后来，我开始反思，并发现我所经历的痛苦，源自自己没有达成预期的财富目标：在赚到 100 万元时，我却想拥有 1000 万元；在拥有了 1000 万元之后，我还想拥有更多的财富。当预期目标没有达成时，我会更容易对自己的能力产生怀疑，于是痛苦就产生了。正如某句名言中表达的：我们的痛苦，往往源自对自己无能的愤怒。事实上，当一个人真的赚到 1000 万元时，在很多人眼里，他已经完成了非常了不起的事情，可他本人为什么还痛苦不堪、毫无幸福感可言呢？

为什么我们不幸福

我们不幸福的第一个原因，往往是比较心。

如果一个人在获得一定的物质和情感层面的满足之后，却几乎从来不关注自己已经拥有的，而是盯着那些比自己拥有更多的人，那么，他多半会感到不幸福。以财富为例，假设你已经拥有了 100 万元现金，而你却看向了那些拥有 200 万元、300 万元甚至 1000 万元的人，在这种情况下，你思考的就不再是如何珍惜这已经拥有的 100 万元，而是如果赚到 1000 万元，你将过上怎样的生活。如果这个时候，你的能力、资源、所处的环境都还不足以支撑你达成赚到 1000 万元目标，你就容易感到痛苦，毫无幸福感可言。这就是强烈的比较心在作祟。

我们总在仰望头顶的塔尖，却对脚下的台阶视而不见；就像登山者只顾盯着峰顶，反而错过了半山腰的云海。幸福感，其实很大程度上取决于我们进行比较时的参照群体。当我们总是向上比较时，就容易产生不满足感，即使我们已经拥有了很多。

再举个例子，虽然一个孩子考了 90 分，其实已经算是十分优秀了，但是其父母却常常盯着那被扣掉的 10 分，而否定孩子已经收获的 90 分。这时，孩子就会很受伤，感受不到幸福。当然，父母的比较心也会伤害他们自己，因为他们总是将自己的孩子与成绩更好的孩子对标，如果孩子的成绩没有在班上名列前茅，他们就会痛苦不已。

第二个原因，是欲望超过能力。

我并不反对人有合理的欲望，因为一个人能带着欲望斗志昂扬地去做事，本来是一件好事，可如果一个人的欲望远远超过了自己的能力，就容易坠入痛苦的万丈深渊，也就是所谓的"欲壑难填"。例如，以你目前的能力水平，大概一年可以赚到 15 万元，如果你在外界信息的影响下，给自己定了一个"年入百万"的目标，那么你很可能会因为无法达成这个目标而失望，并因此痛苦。

这在心理学上被称为"过度自信偏差"：我们常常高估自己的能力，低估需完成目标的难度，从而设定不切实际的目标，最终导致失败和痛苦。

第三个原因，是内心的匮乏感。

匮乏感的成因是多方面的，可能是物质财富的匮乏，也可能是内在的自卑情结，还可能是社交受挫或没有做成事情而导致的不自信和自我贬低。这些内在和外在的匮乏让我们的内在力量不足，而当我们自己都觉得自身没有力量时，就很难有什么幸福可言了。

内在力量不足会让我们失去支撑自己的力量。以一个与我同龄的女性邻居为例：她曾经在海外留学，是两个孩子的妈妈，丈夫在外地做生意，每月偶尔回家看看。她的父母每月给她一两万元的零用钱，还为她雇了保姆。虽然这位女邻居的生活看上去很富足，但我妻子每次和她聊天时，都能听到很多抱怨，并能明显感觉到她没有内在力量，眼里没有一丝光芒。据说，这位女士在大学毕业之后不久，就在家人的安排下选择了结婚，她还有很多自己想做的事情没有完成，因此在家里总感觉空虚、匮乏。

这种匮乏感，本质上是一种"自我价值感"的缺失。有些人在无法感受到自身的价值时，往往会不断向外寻求安慰，而不是使自己变得皮实。这类人会试图通过物质、他人认可来填补内心的空虚，却往往适得其反。

我见过的那些幸福的人

在这个世界上，没有绝对幸福的人，每个人都或多或少会经历一些痛苦。然而，如果一个人在拥有一定的物质基础后，能不被欲望裹挟，保持超然的心态，对未来充满信心和希望，眼里有光、心中有爱，那他大概率会是个幸福的人。

2018 年的最后一天，我坐在前往漠河北极村的车上，车外是白茫茫的雪原。我和开车的滴滴司机聊了起来。司机看上去和我年龄相仿，慈眉善目，眼里带着光，也算健谈；不说话时，脸上也总是带着笑容。我问他为什么这么快乐。他说，因为自己没有多么远大的梦想，欲望也没有那么强烈，知足而已。我又问他现在最重要的事情是什么，他说是家庭和婚姻，因为家和万事兴，财富反而是排在后面的。

他像一个开悟者，回答言简意赅，却又意味深长。我问他郁闷时会做什么，他说会去找他师父喝点酒。他师父靠做米粉、凉皮维持生计，是个残疾人，只有一只手，而师娘没有双腿。然而这对残疾夫妻，却是司机所见过的最幸福的人。司机说："他们从不抱怨生活，哪怕只拥有一点点东西，他们也能倍感幸福。"用司机的话说，是师父让他脱离了"苦海"。

我问司机："你现在有什么目标吗？"他笑眯眯地对我说："我啊，现在就想努力换一台价值 10 万元的新车，然后就知足了。现在这车开太久了，性能不太行，乘客的乘车感受也会打折扣。换了新车后，我就可以再多跑几年车了。"拿下行李，关上车门，我目送着司机的车消失在暮色里，而这番对话，竟成了那次跨年之行最令我难忘的收获。

我开始思考：幸福到底是什么？虽然那位司机的物质生活并不算富裕，但我能感受到他的幸福：他有家、有爱、有朋友，还有自己的小目标，又懂得知足。而我身边有不少人，他们虽然经济条件非常不错，却算不上幸福。

内心躁动不安的人，是很难获得真正的幸福的。只有那些内心安静、找到了自己的热爱，并且能够专注其中的人，才能获得真正的幸福。

欲望减半，幸福感反而翻倍

在前行的路上，人们都希望能得到一些正反馈，因为这些正反馈可以成为他们前行的动力。但是这种对正反馈的欲望不能太强烈，否则一旦欲望无法满足，最后受伤的还是自己。

比如，刚学做短视频的那段时间，我每发一条视频，都会收到上百个朋友的点赞和评论。虽然这些正反馈一度让我对做短视频充满了信心，但是我也及时提醒自己：如果这种对获得正反馈的预期一直维持在过高的水平，当点赞和评论越来越少时，我该怎么办？于是，我想到了一个降低自己预期的办法：告诉自己只要用心去做了，朋友是否点赞、转发和评论，其实并没有那么重要。我把对获得正反馈的预期降低到"1"，即只要有一个点赞，我就很满足。这样，如果某条视频收获了更多点赞或评论，我就会感到很开心，幸福感倍增。

同样，在刚开始经营副业时，其实也不用给自己设定太高的目标或给自己太大的压力。一旦压力过大，又没有完成预期目标，就很容易放弃。所以，在刚开始经营副业时，我也降低了自己的预期：只要每天有一个订单，我就很开心。虽然当时每个订单只能让我挣到几块钱，但是"完成一个订单"的预期，让我看到了发展副业的希望。有时一天接到几个订单，我就会更开心。

两年后，我又给自己定了"通过副业挣到 10 万元"的目标。结果那一年，我通过副业赚了几十万元，这让我感到非常惊喜，因为这个数额远远超越了我的预期。这种降低欲望后收获的惊喜，是我"幸福翻倍"的关键（见图 12-1）！

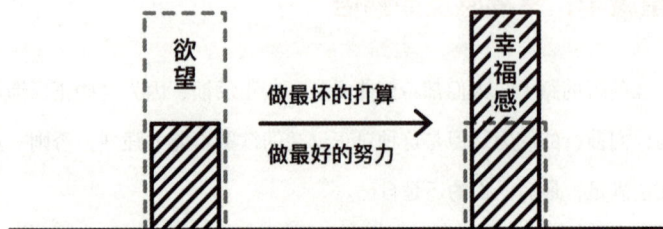

图 12-1　欲望减半，幸福翻倍

那么，对于我们普通人而言，又该如何控制或者降低自己的欲望，获得相对幸福的人生呢？

如何获得幸福的人生

虽然这个话题看上去有点宽泛，但有句话诸位应该耳熟能详：幸福是奋斗出来的。我从来没有见过一个人能靠"躺平"富裕起来，因为在这个世界上，从来就没有不劳而获的幸福。从另一个角度来说，幸福往往会向那些愿意为其付出努力和精力的人靠拢。

那么，要获得幸福，该如何做呢？

首先，我们需要奋斗，去做自己喜欢且擅长的事情，构建自己的物质基础。

做自己擅长的事是一种幸福，而你也能在其中获得一些成就感。做一些利他的事情也是如此。幸福不是靠想象得来的，而是要靠你亲自下场，努力奋斗。幸福从来不属于等待者。我的很多同龄人，都是在自己的领域里深耕了 20 多年，才取得了今天的优秀成绩，并因此收获了幸福。

冯骥热爱游戏 20 余年，经历了起起伏伏，才制作出现象级游戏《黑神话·悟空》。DeepSeek 的创始人梁文锋，其实在 20 多年前，就开始学习人工智能，而且在 10 年前，就开始利用人工智能做量化交易了。而他能打造出 DeepSeek 这样的产品，也并非一朝一夕之功，而是源自他知识和经验长久的累积。饺子导演在大学时，就十分热爱动画制作软件 MAYA，坚持创作 20 多年，才创作出《哪吒之魔童闹海》这样的巨制动画，而制作这一部电影就花了他五年多的时间。罗振宇多年专注于深耕《罗辑思维》，并承诺举办延续 20 年的演讲，旨在"用时间打败时间"，这也使他成为内容创业领域的标志性人物。

他们持续且专注地做自己擅长之事，最终，他们的事业都开出了美丽的花朵，为他们创造了可观的财富，也让他们实现了自身的价值。

其次，幸福感与知足相关，只要不知足，就很难幸福。

如果我们被"欲望"这只猛兽控制，幸福就无从谈起。哲学家周国平曾说："一个人若能做自己喜欢做的事，并且靠这养活自己；同时能和自己喜欢的人在一起，并且使他们感到快乐，即可称为幸福。"

这几年，我偶尔会去吃斋饭。到了斋堂，所有人都被要求禁语，也不能使用手机。这个时候，你反而可以专注下来，认真地品尝每一粒大米的味道，感受米饭伴随素菜入喉的感觉。令人惊讶的是，大米竟然如此美味，那是一种我之前享用大鱼大肉时从来没有感受过的味道。在这些时刻，我竟然感受到了吃饭本身带来的真正快乐。

有个著名的幸福公式：幸福＝你所拥有的－你所期待的。如果你拥有了 100 万元，却期待自己拥有 1000 万元，那么你的"幸福值"就是负数，哪有什么幸福可言？

最后，真正的幸福，应向内求，而非向外求。

所有凶猛的向外抓取，最后都必将反噬自己的内心。真正的幸福和安宁，一定不会来自你在朋友圈里炫耀的物质享受，而是来自你内心富足的感受。例如，当你陪伴孩子，看他们嬉戏打闹时；当你在书中感受到思想光芒时，这些时刻的感受都会带给你无法取代的幸福。

内心不安宁，为了外界的物质、他人的评价而前行的人，更容易活在和他人的攀比之中。我们可以把横向攀比转为纵向成长，从自己的内心出发，向内求索。人生不是赛道，不必时刻与他人竞速。

真正幸福的人，从来不靠炫耀来彰显幸福，他们的内心本来就很安定、很知足。因此，真正的富足不是一种外显的姿态，而是在见过人生风雨之后，依旧保持淡定的热爱和从容。

一个人的幸福感，并不取决于欲望能否满足，而在于他能否坚持自己的热爱，是否真正通过内在努力获得了一些东西，是否已经摆脱了匮乏感，能否降低预期，懂得内求，让自己的内在满足而丰富。

请记住，幸福不是终点，而是一种状态。

正如认知科学家安杰拉·达克沃思的《坚毅》告诉我们的：持续幸福者都有"温和的野心"——既能保持向上的张力，又懂得在恰当处系紧欲望的风筝线。只要你学会与欲望跳探戈，进与退都是自由的舞步，幸福就会悄然降临。

极简生存论：
扔掉 80% 的伪需求，活出真我

当你深陷泥潭时，挣扎只会让你越陷越深——学会"断舍离"，有助于我们在物质过剩的时代清理自己的生活、头脑和内心。

曾经，我也是个懒于整理书房的人，因为我知道，整理过后不出几天，我的孩子们就会再次让它深陷"杂乱"的泥潭。但读完《断舍离》后，我突然意识到：我与物品的关系，本质是一场认知博弈。对于有恋物情结的我来说，"断舍离"无疑是个挑战，然而我这次铁了心，绝不手软，硬是从书架上清理掉了 42 本"可能永远不读"的书。"瘦身"后的书房变得前所未有的干净清爽，那种感觉真是太棒了！

随后，我灵光一闪，决定把这些"多余"的书免费送出去。于是，我发了一条朋友圈，结果这些书瞬间被朋友们"一抢而空"。当天，我就把书全部通过快递寄了出去。更神奇的是，我的头脑也随之变得清爽无比，仿佛卸下了千斤重担。

山下英子在《断舍离》一书中，明确提出了"断舍离"的观点：断绝

不需要东西的进入，舍弃多余的废物，脱离对物品的执着。只有我们学会
"断舍离"，才能真正拥有属于自己的空间。

当然，要"断舍离"的远不止物件，更重要的是，要断绝给我们带来
烦恼和焦虑的一切事物。唯有如此，我们才能真正获得身心的舒展和心灵
的自由。

"断舍离"绝非易事

"断舍离"三个字说起来很简单，要做到却难于登天。为什么呢？你
可以思考一下：我们人类从远古走到今天，最重要的事情当然是生存，而
生存的基础就是物质。人类天生就希望尽可能地获得更多的物质，无论是
果子还是猎物，唯有如此，人类才能保障自身的生存和延续。"拥有更多
物质"，这是早就被写进了我们基因的本能，是一种很难摆脱的天然惯性。
就像我的孩子们，无论给他们买了多少玩具，他们永远都觉得不够！

老一辈流传下来的重要"口头遗产"之一，就是"你吃了吗？"这句
问候语。至今，我父母给我打电话时的第一句问候依旧是它，可见"吃饭"
曾经对他们来说是多么重要的事。我还记得小时候过年时，家里一定会有
几个"干盘子"：就是把牛肉等在当时稀缺的肉类腌制成干，过年时摆在
餐桌上，只是摆设，客人对此也心知肚明，不敢多吃。这些"干盘子"会
陪伴我们整个春节。此外，吃饭时如果有剩下的饭菜，即使已经吃饱了，
祖辈们也一定会把它们吃得干干净净。

这些表现都是物质匮乏的"后遗症"。因此，真正的"断舍离"谈何

容易？这是要我们对抗延续百万年的生存本能。

对物品的"断舍离"还算容易，更难"断舍离"的是情感和执念。记得我和初恋女友分手时，不仅自己内心纠结痛苦，还担心她会痛苦、难过，毕竟我们两人在一起也有几年时间，无论结果如何，彼此心中总归还是有些情感。同样难以"断舍离"的，还有那些束缚我们的执念：例如，对于某些事物顽固且自以为是的看法，想象中他人对我们行为的评价和感受等，这些都是不易"断舍离"的。

无论是"贪恋物质"的本能，还是因情绪缠绕而形成的执念，它们本质上都和我们"不想丢弃"的想法有关，"断舍离"也因此变得如此艰难。

为什么要"断舍离"

这些"不想丢弃"的想法，让我们房间中的杂物堆积如山：冰箱里常常有过剩的食品，衣柜中常常有多年没穿的衣服，书架上常常有可能永远都不会拆封的书籍……而我们的头脑中，也常常充斥着挥之不去的想法。这些东西，不仅占据着我们物理层面的生活空间，更侵蚀和占据着我们的头脑，会让我们越来越混乱，感到既腾不出空间，也无法松弛下来，因此心烦、紧张和焦虑不安。

热力学第二定律（即熵增定律）可以被用来类比解释这种混乱产生的原因：在一个封闭的系统里，事物会趋于混乱。例如，家里的衣柜、书柜久不整理，则会越来越混乱；办公室里久不整理的工作台，也会越来越混乱。我们的大脑也是如此，如果只是一味地思虑，从未清理，头脑中的想法就会越来越混乱，思路也会变得越来越不清晰。

堆积的东西和信息，如果不对其加以整理，而是任其越来越乱，就会使其所处的系统趋于崩溃。在学会"断舍离"之前，我的家或头脑，就像一辆接近限载的汽车，如果其中的物品或信息越积越多且不清理，其速度就会越来越慢，车辆最终也会超载，甚至爆胎。

因此，我们需要给自己的生活做减法，需要"断舍离"。"断舍离"的过程，其实就是一个清除"垃圾物品"和"忧虑情绪"的过程。有些物品放在家里，其实一点用都没有，而且今后大概也不会用到。如果不清除这些物品，只会让它们占据更多的空间，让我们自己无容身之处。一些杂乱的思绪也一样，我们应该放下它们，而不是对其念念不忘。心理学上有个"白熊效应"：你越是想着"不要想那头白熊"，白熊就越会在你脑海中挥之不去。这些思绪只会扰乱我们的心情，因此我们应该清除它们。

唯有如此，我们才能真正摆脱杂乱物质和混乱情绪的束缚，达到清净和自由的境地。

有一次，我去中国香港的慈山寺游玩，这座寺庙位于大埔区，极为幽静。在主建筑的左侧，有一座特别有意思的喷泉（见图 13-1）。

图 13-1　中国香港慈山寺中的喷泉

正中心的喷泉眼就像烦扰情绪的源头，源源不断地涌出水流，荡出的水波纹正像我们无穷无尽的烦扰。而喷泉中间有一道断开的裂缝，截断了这些烦扰的波纹，使外侧的水面变得极为平静。这或许意味着，只要切断那些无穷无尽的思虑，我们的内心就能获得极度的平静。这座喷泉可以说是一个非常形象的表达。

"断舍离"有什么好处

有这样一句令我印象深刻的话："人活百岁，世事看透，方知世界是自己的，与他人无关。"我们曾如此渴望能够体验波澜壮阔的一生，到最后才发现，人生最美妙的风景，竟来自内心的淡定与从容。

我们"断舍离"了那些无用、废弃的物质，或者把多余的物质分享给其他人，就能获得一份自由。我们"断舍离"了那些不必要的信息，就可以获得片刻的安宁。我们"断舍离"了那些扰乱我们的思绪，就可以获得内心的宁静，从而能够心无旁骛地把事情做得更好。

我当时南下深圳，就是为了专心致志地做自己喜欢的事情，不必再纠结于情感或其他执念，这才开始了自己的创业生涯。

当你放下一些事情后，也就开启了一些新的可能。这就是使人生焕发新生机的重要时机。"断舍离"之后，生活会变得更简单、更单纯，我们可以重新获得心灵的自由，而不被外在的物质和思绪困扰。

在对那些不必要的人际关系进行了"断舍离"之后，我发现自己的世界清净了很多。年轻的时候，我们总是希望多参加一些社交活动，或是为了使生意多一些可能性，在一些场合不断地将更多人纳入了自己的社交范围。虽然对于刚踏入社会的青年来说，这些人脉的拓展确实是有必要的，但是人到中年，就需要开始对自己的社交关系做减法了。一些不必要的社交活动，能不去就不去。梁冬先生说过一个判断某件事是否必要的好方法：很多人睡觉是为了更有精力创业，而我的做事原则是，如果做一些事情会让我睡不着觉，那这件事我就可以不去做了。

其实在内心深处，又有谁不渴望淡定与从容，渴望清净与自由？虽然"断舍离"看上去确实很难，但事实上，只要掌握一些方法，我们也能慢慢做到"断舍离"，只是，需要一些时间罢了。

"断舍离"，扔掉 80% 的伪需求，活出真我

以下是做到"断舍离"的一些有效方法，多加练习，相信你一定能更好地践行"断舍离"，回归真我（见图 13-2）。

断	明白什么最重要
舍	克服惯性，果断舍弃
离	定期清零，迎接新事物

图 13-2　断舍离的方法

首先，要明晰什么是真正重要的东西。

当你不知道什么更重要时，你肯定也不知道如何"断舍离"。"断舍离"的前提是以自己的需求为中心，明白哪些东西真正重要，哪些离我们的实际需求过远。不必要、不经常使用的物品、信息，或是不需要维持的情感和关系，皆可舍弃，因为这些都是伪需求。

事实上，仔细想想，以现实生活为基础，我们真正需要的东西并没有想象的那么多，而我们却常常购买了很多可能完全用不着的东西。不信你可以翻翻自己的衣柜、书架，其中一定有不少这样的闲置物品。这就像我们很喜欢在网上收藏一些文章，后来却再也没看过一样。不同的是，网络文章不会占据我们的物理空间和头脑，这些实物却实实在在地占据着我们有限的空间。

除了物理空间被占据，随着信息传播方式的迭代，各种"垃圾信息"也被社交媒体推送到我们眼前，让我们应接不暇，而算法的偏好追踪，则让我们对这些信息毫无抵抗力，一不小心就在其上耗费了大量时间，导致我们的注意力和时间被占据。事实上，在这些信息中，很多都对我们并无多少价值，接收它们并非我们的真实需求。而人生最宝贵的资源之一，就是我们的注意力。当很多垃圾信息填满我们的时间和头脑时，我们其实就被可怜地束缚在信息茧房中，没有真正属于自己的自由时间，又如何获得心灵的自由呢？

当我们意识到注意力是宝贵的，并且应当是我们真正重要的东西时，我们就需要远离手机，远离垃圾信息的来源。我在小区的阅览室写这本书时，经常把手机放在家里几个小时；想早点睡觉时，我不会把手机放在床头，而是放在离床有一定距离、伸手也够不着的柜子上。

人际关系也一样。和我们没有多少交往的人，我们完全可以不去关注他们的动态；一些不必要的社交活动，也完全没有必要参加。尤其是在有了家庭和孩子之后，你就会知道陪伴家人，比参加其他一些不必要的应酬更为重要。如今，对于一些没有必要的应酬，我会委婉拒绝；而陌生人的电话，我也基本不会接听。正是因为知道了什么更重要，我才可以做到部分的"断舍离"。

其次，要克服惯性，果断舍弃。

即使我们知道哪些事物重要，而哪些可以舍弃，在真正做到"断舍离"之前，内心也会很纠结。因为人类的天性中有一种惯性，例如，面对陪伴了我们多年的物件，我们会觉得它们很有纪念意义，舍不得丢掉或送人。其实面对这种情况，我有一种很好的解决方法，就是"终极思维"：某件物品，如果真的用不着了，那你离世之后，子女大概也不会去用。想到这里，你就可以果断大方地将其丢弃，或者放到二手市场，又或者送给他人了。

人是情感动物，因此情感的纠缠是最难以"断舍离"的；因为我们的内心还有情感，所以不愿舍弃一段已经失去意义的关系。在我身边，经常有这样的朋友：他们与恋人分分合合很多次，搞得双方都筋疲力尽，却通常难以获得美满的结局。其实，对于感情关系，如果双方在经过一段时间的相处之后，发现对方在很多方面，例如，价值观、性格、饮食习惯等，都不适合自己，就应该果断分开，没有什么纠缠下去的理由。

我也是在和前女友分手后，花了几年时间专注创业，才有机会遇到现在的妻子。当时我们约定，可以先相处 1 年，如果双方适合，就去登记结婚。这个约定真的很明智，因为如果在这 1 年期间发现任何双方不合适的地方，我们都可以随时退出这段关系。最后，我们两人相处下来，发现双方性格契合，价值观也一致，于是就在相处 1 年后的同一天，去登记结婚了。如今，我们已经有两个孩子了。

最后，头脑和心灵都需要定期清零，以迎接新事物。

清理物理空间会相对容易些，而清理头脑和心灵空间，却不是一件容易的事情。"清理"头脑和心灵，不外乎两种方法。

方法之一，就是打开自己，让混乱的头脑静下来。

有这样一个故事：老和尚问小和尚，如何让一碗浑浊的水变得清澈。小和尚想了很多方法，如用木炭过滤等。最后，老和尚揭晓了答案："你不需要做这么多动作，你只需要静静地等待一会，浑浊的水就自然会变得清澈了。"

打开自己、让自己安静下来的方法有很多，例如，好好睡上一觉、沉思，或者到山林中走一走，感受大自然的气息和能量。这些做法的核心都是给予我们让内心安静下来的时间和契机。

2010 年，一位与我朝夕相处的同事意外离世，这件事对我震撼很大，甚至让我怀疑人生和工作的意义，内心很难释怀。后来，我决定去参加一次为期 11 天的内观体验，参与者将收起手机，整日禁语，只是打坐内观，看思绪流动，不执着于任何一种念想。结果这次内观体验之后，我的悲痛确实大为减少，让我可以更安静、更清晰地看到人生方向。

没错，你需要做的只是打开自己，走出去，静一静。如此一来，很多混乱的思绪，就能变得沉静和清晰，你也将变得更为清净和敏锐。

第二种方法就是"做功"，通过做新的事情，"覆盖"原来的事情。

比如，你可以每年给自己定 1 ~ 3 个目标，然后认真去做。不停留在昨天，也不幻想未来，只是专注于当下，这样，你就不会被旧物裹挟和牵绊。

以我自己为例：每年年底，我都会给自己做一个总结，然后给明年做一个计划。这个计划一般只包括我明年要完成的三个目标：既不要过多，也不要过于宏大，并且目标的难度要控制在自己只要稍微努力就能够达成的程度（一般以超出自己平时能力水平的 15% 为宜）。在定完目标之后，我就会专注其中，既不去想过去的"高光时刻"，也不幻想新目标，只是努力去完成确定的目标。一般而言，这样做的结果都不会太差。

上述方法可以在很大程度上减少不必要的念头，使我们在一年之中不用做太多选择，而是只要做好几件事就可以了。例如，最近这 5 年，我最重要的目标就是写好三本书，极为简单。对大部分人来说，一年内能把两三件事情做好，就已经非常不错了。

一旦你开始了"断舍离"，你就不仅能享受更多属于自己的空间，还会从情感羁绊和信息茧房中解脱出来，拥有真正的自由。

请记住，真正的成长和自由，是从承认"我不需要"开始，从砍掉自己 80% 的伪需求开始的。

导演思维：
改写自己的人生剧本

　　人生就像打牌，虽然我们无法选择拿到什么牌，但能否打好这副牌，却完全取决于我们自己。

　　最近，我喜欢上了打"掼蛋"[①]。我发现有些高手，即使抓到一手烂牌，也能通过腾挪、组合、等待、配合、因势利导，最终获胜。这很有意思，就像有些人，虽然拿到了最烂的人生剧本，没有任何先天优势，甚至遭遇了重大打击，但他们坚信，无论剧本如何，都有机会改写，自己一定能活出属于自己的精彩。

[①] 全称淮安掼蛋，使用 2 副标准扑克牌（共 108 张），由 4 人参与，分为 2 组，结对对抗。——编者注

看似一副烂牌　　　　　调整好可能也是好牌

再烂的剧本，也有反转的机会

六岁时，我经历了一场意外：当时妈妈说要带我去外地做客，我高兴坏了，在村庄里一路狂奔。路上遇到一个由白色石灰堆积而成的小坡，我快乐地想飞跃过去，结果失去重心，整个人扑倒在石灰里。我哇哇大哭，因为眼睛完全看不见了。接下来的一周可能是我人生中最黑暗的一周，我不知道自己是否还能再看到这个世界。然而当视力被剥夺时，我却突然发现：我的听觉和触觉的敏锐度都大大提升。幸运的是，一周之后，我的眼睛恢复了。

这至暗的七日教会我：人类的神经系统中，有着改写人生剧本的"隐藏程序"。你失去的一些东西，或许会为你带来另外一种转机。

我还记得一位姓陈的老同学。他小时候得过一场大病，险些丧命，后来被救了回来。虽然他读书很用功，但是成绩一直徘徊在中下游水平，后来也只上了一所普通的大专。他其貌不扬，也不善言辞。他曾经告诉我："我在很小的时候就学会了接纳'自己没被看见'。"

工作后，他依然保持着积极的状态。他很敏锐，能很快知道客户的需求，然后想尽一切办法去满足。就这样，他从一家小外贸公司做起，三年后，他成了该公司的顶级销售。他和我讲过一个故事：一次，公司去海外参加展会，他只会说"Hello"（你好），而其他毕业于英语专业的同事则能与外方顺利沟通，成功拿下订单。他在会场站了一天，却半个订单也没有拿到。

这次展会之后，他决定苦学英语。尽管他英语基础很薄弱，但他坚定信念，从最简单的交流开始，每天给不同外国客户打 50 个以上的电话。就这样，他逐渐能用英语进行基础交流了，加上他的热心，他收获的海外订单越来越多。

这个曾经在班上成绩几乎垫底、英语很差的小伙子，在工作 10 年后，决定创业做亚马逊电商。2014 年前后，做亚马逊电商的人还不多，他却凭借自己敏锐的商业嗅觉，发现这是个很好的机会。在其他商家使用各种手段刷单、刷评论时，他老老实实地本分经营，找准"苹果表带"这条细分赛道，一点一点积累和突破。结果在一段时间后，很多违规刷单的店铺都被亚马逊查封冻结，他的店铺却安然无恙，并且业绩增长迅猛，成为这个赛道的龙头。

你看，看似抓了一把烂牌的陈同学，凭借自己的敏锐和坚韧，硬是获得了让自己的人生翻盘的机会。如今，他已在深圳买了房，生活幸福，有了三个孩子，家庭美满。

演好戏和实现反转，就在关键几步

人生这个牌局，不在乎每一步都走得出色，而在于关键的几步。如果关键的几步走好了，人生就有可能持续走好。

我的好友小东，出生于河南农村，是我 2011 年刚开始经营副业时认识的朋友。他之前做的是谷歌广告业务代理，因为业务发展状况一直良好，一段时间后，他花重金拿下了一个谷歌的大规模代理合同，但由于当时百度崛起及其他种种原因，2009 年，他的广告代理业务一落千丈，让他把之前赚来的钱，还有从亲戚朋友那里借来的钱，都亏了个精光。后来他和我说，当他知道自己的业务全面崩盘时，一夜未眠，思虑万千。第二天起床时，他发现自己的头发竟然白了一半。对于任何生意人来说，这都是难以承受的巨大打击。

那时，身无分文的小东，面临着一个重要的人生难题：这手烂牌接下来该怎么打下去？他停止了谷歌的代理业务，决定重新站起来，准备先还清欠债。

于是，小东和他的爱人小妮，开始在北京昌平摆起了地摊，早出晚归。在有了一些收入之后，他在 2010 年底开始转型做线上团购代理业务，在线下与一些景点、游泳馆、电影院谈票务合作，一方面把这些票在淘宝上出售，另一方面把团下的票供给美团、拉手团、窝窝团等团购网站。那时，团购网站正在兴起，他的业务迅猛增长，很快就使他还清了欠款并有了利润。我的淘宝售票副业，还有那个"千元之夜"的到来，都来自和他的合作。

当时，小东和小妮夫妻两人在西直门租用了一间很小的办公室。为了纪念夫妻一起艰难创业，他们将公司的名字改成了"小泥人票务"（两人名字各取一个读音），并招聘了几名员工。虽然他们夫妻俩工作都十分努力，但团购网站的热潮退去之后，他们的业务再次急剧下滑，使他们重新面临人生选择。他们该怎么办？

他们果断选择了转型，走了一条更难的路：帮扶上游的场馆端。他们重资投入，自行研发了一套线上票务系统，帮助景区和场馆提升运营效能，并帮助它们对接各大互联网平台，线上销售景点和场馆门票，以增加其营收。这一次，他们再次做出了正确的决策，很多场馆都选择和他们合作，他们的业务迅速发展，合作的景区数量增长至数千家。

不久前，我去北京时和他联系，小东告诉我，他们已经入驻了北京大兴一个更大的场地，人员规模也已经扩充到了上百人。我心中不禁感叹：对于人生牌局的关键几步，做对选择真的是太重要了。

人生的牌局中，没有人是天生的"打牌"高手。真正的高手，是能在手握"烂牌"、身处低谷时，仍然有强大的信心和信念，能谨慎地做出正确的选择，并且全力以赴，最终收获结果，改写了人生剧本的人。

想把人生的牌局打好，要上下游协同配合，控制好节奏。

我在参加王石、冯仑先生开办的"运河私董会未来产业 CEO 成长计划"首期班时，会在课后和几个同班同学玩"掼蛋"，其中有一位 50 多岁的大哥，我称他为老刘。他打牌时很稳重，不紧不慢，十分照顾队友，同时又能观察全局、审时度势，该出手时则一点不含糊，从不拖泥带水，很有节奏感。尽管我是"菜鸟"，但每次和他搭档时，几乎都能在他的节奏下赢牌。

有一次，同学们去他的公司参观。虽然之前我们这些同学对他所经营的业务并不熟悉，但参观完他的公司之后，我们都大为惊讶。他的公司主营的是化工业务，然而办公大楼却设计成了江南园林风格：白墙黑瓦、亭台楼阁、小桥流水。而在客厅那幅张大千的山水画下，则是一辆炫酷无比的哈雷摩托，二者形成极大反差，却毫无违和感。

在渐渐了解了老刘的故事之后，我们更为震惊：他原来是个酒吧驻场歌手，也做过小商贩，这些经历让他懂得随时放下身段，游刃有余地满足客户的需求，也能照顾他人的感受。同时，他还是摩托车手，知道在崎岖不平的山路上如何保持平衡，也知道在平坦的道路上如何加速前行。他懂得如何控制节奏，知道如何在将这辆摩托稳稳地把握在自己手中的同时，使其快速"起飞"。

2011 年，在尝试了很多业务之后，老刘决定从零开始，进军石化行业。他把在酒吧驻唱时、在骑行过程中收获的心得、感悟，巧妙灵活地运用在业务中，配合好上下游企业，让它们都能赚到合理的利润。业务如他手中的哈雷摩托，闯过道道关卡，在左右平衡中快速起飞。2024 年，他公司的营业额突破 200 亿元，成为河北省民营企业 50 强之一。

在这位低调的大哥身上，你可以看到什么是"照顾"。他和他的企业不仅让上下游企业、合作伙伴赚到了钱，还低调地做了不少公益项目。他懂得平衡，知晓把握生意节奏的重要性，就像他在牌局上一样，既会照顾队友，也不让上下家感到不舒服；既能把握机会，又能保持节奏感，最终赢得牌局。

虽然世上没有一帆风顺的人生，每个人的人生都有风浪和波澜，但是在生活中，我们需要平衡，需要节奏，需要平心静气，来面对人生中的起伏。正如老刘——这位我心中的大哥——的微信签名所言：在平心静气下，消除一切波澜。

此刻，你可能会说："这些都是成功人士的故事啊！对普普通通的我来说，有什么参考价值呢？"事实上，案例里的他们也都是普通家庭出身，并非一出生就含着金钥匙；他们人生的最初剧本也很一般，手里握着的是一副并不算太好甚至有点烂的牌。然而，他们却能将牌越打越好，最终让自己成为自己生活最好的导演。

如何成为自己生活的导演

以下这几点，是我从他们身上以及自己的实践中总结出来的，希望能帮助你更好地成为自己生活的导演，改写自己的人生剧本（见图 14-1）！

图 14-1　成为自己生活导演的三步

首先，即使手握再烂的牌、再烂的剧本，也要相信自己，相信自己与众不同，相信自己一定可以。

没有自信的人，其信念容易摇摆，而一旦信念开始摇摆，就离崩塌不远了。如果你想成为自己人生的导演，那么自信是极为重要的。以我少年时期的经历为例，我想谈谈自信是怎么让我把"烂牌"打好的。

当我参加小学升初中的考试时，全班总共 30 人，我大概排在 20 名，那时的我感觉自己前途渺茫，也不知道未来将会如何。你看，我的"牌"够烂的吧。

12 岁那年，我开始意识到再如此下去，可能就真要虚度一生了，于是，上初中后，我学习勤奋了不少，成绩果然有所提升，这让我的自信心也得到了增强。初一期末，我的作文《新居》被语文老师用毛笔抄写下来，贴在学校食堂外的大黑板上。这次经历让我信心倍增，使我相信尽管我学习基础不好，也同样具有改变自己的可能。这份信心支撑着我读了高中、大学，最终来到大城市工作。

工作之后，虽然面对很多名牌大学毕业或家境富裕的同事，我心里还是有强烈的自卑感，但是我一步一步走来的经历，让我发现努力只是把"烂牌"打好的一方面，而快速调整自己、适应变化也是至关重要的。从打工到创业，我的转型还算比较成功，得以及时进入互联网领域，并有幸抓住了移动互联网兴起的机会。虽然见识和财富的增长，让我变得更加自信了，但我也知道，自己还有太多成长空间，离"智慧"的境界还很远。不过，我内心依旧坚信，每个人都是与众不同的，每个人都有机会、都可以成为最好的自己。

就像陈同学、小东和老刘一样，尽管他们人生的"剧本"和"牌局"一般，哪怕他们身处低谷，手握一副烂牌，他们也都相信，自己有把牌打好的机会，有在剧本中创造"反转"的可能。

其次，一定要追随自己的内心，做好关键选择。

对于牌局中的关键几步，我们一定不要掉以轻心，因为它们对我们的整个人生都可能是极为重要的。其实，人生的重大选择，并没有想象中的那么多，无非是大学就读的专业、从事的行业、结婚的对象、发展的城市等。对大的选择要谨慎，对小的选择则不纠结，因为小选择有时并没有那么重要。

而你在做出这些关键的选择时，最核心的原则，就是一定要跟随你的内心：你之所以做出这个选择，不能是因为听从了别人的建议、遵从了父母的意愿，更不能是因为跟风。

就像陈同学，因为他爷爷和母亲都开过商店，他对商业自小就有浓厚的兴趣，所以在读大学时就报了外贸专业，他的行为一直都在跟随自己的内心。工作10年后，他坚定选择了创业，凭借自己的外贸经验，又恰逢海外电商兴起，他选择了亚马逊赛道。在这关键的一步，他又一次跟随了自己的内心，选对了赛道，才有了现在的成功。

我创业后选择创作，也是追随了自己内心的想法。因为我自小就喜欢记录和反思，我特别想把这些自己在工作、学习、生活之中的反思，分享给更多读者，希望它们对于读者的生活有所帮助，所以在创作了《把自己变成稀缺资产》之后，我又写了你此刻在读的《做个皮实的人：穿越人生的顺境逆境》。尽力创作出优秀的作品，是我这些年跟随内心所做的非常重要且绝不会后悔的选择。

做关键的选择，一定要谨慎，三思而后行：不要轻率地结婚生子，也不要随意地选择行业，或者跟随别人到了某个地方，就随意停留下来。在做出这些重要的选择之前，我们一定要多问问自己：这个选择正确吗？你也可以问问老师或周围的人，而更重要的是要多问问自己的内心，如果能如乔布斯所言"追随你的内心"（Follow your heart），勇往直前，我们就可以无悔了。

最后，要做好配合，控制好节奏，整合好资源，和周围的人打成一片，赢得最后的胜利！

当我们有了满满的自信，相信自己有无限的可能，并且在关键的选择上遵从了内心，做了相对正确的判断时，最后需要做的当然就是付诸行动，去整合你身边的资源，去维护与周围人的关系。就像打牌，不要只顾着自己，还要照顾好队友，与他们一同前行，去取得最终的胜利。

珊妮（Sunny）是我认识的一位女生，她平时和左邻右舍都相处得不错，乐于帮助他人。由于她喜欢烘焙，于是就决定做点与烘焙相关的副业。她从小区做起，做些蛋糕、巧克力脆脆、面包之类的烘焙产品，出售给小区里的邻居。由于平日和大家关系很好，她竟然很快就组建起了一个300人的销售社群，群成员几乎都是小区邻居。卖东西时，她在群里吆喝一声就有人下单。她还会时不时多送邻居一点点心，真心和大家打成一片，邻居们也都支持她的生意。尽管赚得不多，她也乐在其中。

因此，无论人生剧本怎样，无论牌局如何，我们都要相信自己，遵从内心，做好关键选择，照顾好周围的人，努力前行，让自己越来越皮实。如此一来，相信你的结局一定不会太差。

请相信：你不是命运的"工具人"，而是自己人生的导演！

下篇

扛住命运暴击的能量法则

永动机原理：
找到你的底层驱动力

能量若无源泉就会枯竭，而方向缺失必然导致能量耗散。

这像极了当代一些年轻人的生存困境：在高强度工作与消极怠惰之间反复横跳，在短视频带来的即时快感里逐渐麻木，最终沦为"清醒的溺水者"。心理学中的自我决定理论早已揭示：真正持续的动力，必须同时具备自主性、胜任感和归属感三大要素，而多数人恰恰"卡死"在第一步——不具备自主性，也就找不到属于自己的人生原动力。

那么，能量的底层原动力，到底从哪里来呢？

最近几年，有一位年近八旬的老人，经常出现在福州旗山山麓上的一片建设工地上。这片工地，正是刚建成不久的福耀科技大学①，而这个老人，正是曹德旺。

一个八旬老人，本该退休，安享清闲晚年，他却每天激情满满，立下

---

① 截至 2025 年 7 月。——编者注

宏愿，要在 10 年内，建设一所世界领先的大学。2024 年，虽然他要建设的大学未能获得教育部的批文，但他也没有就此放弃。终于，在 2025 年 2 月，福建福耀科技大学获得批复，正式设立。

这个年近八旬的老人的底层动力来自哪里？

曹德旺老人已经创业几十年，在世界各地见识过各类人才，多年来也参观了很多大学，了解了多种教育模式。最终，他发现在中国确实有创办一所新型大学的机会，并希望借此为国家培养更多优秀的人才。同时，慈善又是他多年坚持在做的事情，他曾先后向厦门大学、南京大学、北京大学等多所大学捐赠。这次退休之后，他把几乎所有精力都投入了这所大学的建设，只为真正实现他的初心：报国为民。

而现实之中，有些人尽管年纪轻轻，却常常有种无力感，时常感觉能量不足；活得迷茫，没有方向，找不到那个推动自己持续前行的动力。

现实中的无力和迷茫

2021 年，在创业七年后，由于所在行业式微，公司的业务基本停滞，我决定关停其所有业务。刚离开公司时，之前持续做事的惯性每天撕扯着我，当看到周围的朋友还在拼命努力，自己却这样闲下来时，我还是心有不甘。而另一方面，我又找不到适合自己的方向。无力、迷茫、焦躁的情绪常常向我袭来，我不断问自己：到底该怎么办？

而在我身边，像我这样迷茫的朋友也不在少数。在我的读书群里，就有这样一位书友：他曾在深圳上过一段时间的班，后来离职了。但人毕竟要生存，于是他开始看到什么火就做什么：抖音刚火时，就拍点视频传到抖音上；小红书火，就申请个账号写点帖子，发布在小红书；近年跨境电商业务火，就想着去做……但每个项目没做几个月，他就失去了动力，半途而废，最终看似忙活了几年，到头来却什么也没做成。社会心理学家罗伊·鲍迈斯特的"自我消耗"理论在此应验——当一个人的决策能量在方向选择的过程中耗尽时，其行动力自然变得不堪一击。

时至今日，那位书友已经30多岁了，还租住在一间破旧拥挤的小出租房里。前一段时间，他发微信和我说，他现在感觉太迷茫了，也不知自己还能在深圳待多久。

为什么会这样呢？

原因之一，是他的心没有静下来，没有认真思考自己内心的真实渴望，而总是被外界的信息、噪声干扰，没有坚定的内核和信念。

一旦缺乏坚定的内核和信念，一个人就往往容易被外界的信息影响和裹挟，一方面表现为容易被外在的评价标准裹挟，另一方面表现为看到别人在某些事上做得好、赚了钱，就跟风去做某些事，然而他所做的这些事很可能是自己不喜欢或不擅长的。这样一来，这个人的行动就很容易变形，做不了多久就会放弃。从心理学角度来说，驱使他做事的是典型的"外部动机"，而非"内部动机"。外部动机带来的动力是短暂的，一旦外部刺激消失，动力也就随之消失。

这很像做运动：如果一个人的"身体内核"不稳，无论是跑步还是做其他运动，他都不可能坚持太久，因为他很快就会耗尽力量，并选择放弃。一个内心没有信念、眼里没有光的人，很容易左右摇摆，也很容易被迷茫感和无力感覆盖、吞噬。可想而知，这样的人所做的所有外在行为，也很难收获好结果。

有坚定想法的人，获得的结果一般不会太差

另外一些人则不同，因为他们内心有坚定的想法，所以在现实之中，他们按自己的想法做事，往往能获得一些不错的结果。

比如，我有一位同学，他在大学期间就有极强的商业意识，积极尝试做各种小生意。他很清楚地知道，自己早晚有一天会踏上创业之路。果真，毕业两年后，他就选择了自己创业，而且对此充满激情，也收获了不错的结果。

可见，当内心有了清晰坚定的信念时，一个人的内在就能产生源源不断的力量，这些内在力量能持续推动其行为不断靠近并最终达成目标，而达成目标又能进一步增强其信念（见图 15-1）。我们内在的信念系统，就是我们的能量原动力。

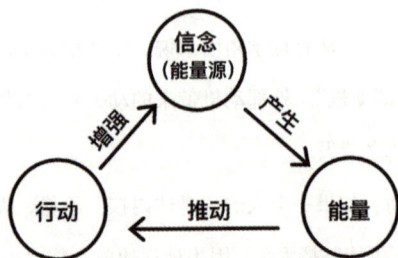

图 15-1　信念、能量、行动循环图

内心有坚定信念的人，一般收获的结果都不会太差，这样的案例不胜枚举。

一个 24 岁的年轻韩裔日本人，大学毕业后返乡创业，他开办的公司环境极其简陋，屋顶只有一层镀锌的铁皮，屋里一个装苹果的箱子，就是演讲台。他就站在这个简陋的讲台上，饱含激情地对刚入职的两个员工说："公司的营业额五年后要达 100 亿日元，10 年后要达 500 亿日元。我将成为世界首富，而你们将成为世界上第二、第三富有的人。"当两个员工听到这些话时，以为站在台上的是个疯子，第二天都赶紧离职了。

这个看似口出狂言的年轻人，正是全球鼎鼎大名的投资家孙正义先生，他先后投资了雅虎、阿里巴巴，还一度是芯片公司英伟达最大的股东，以及日本甚至世界最富有的人之一。

孙正义先生能够成功，其中一个非常重要的原因，就是他内心坚定的信念。他说："我最初所拥有的只是梦想和毫无根据的自信，但我所成就的一切，都从这里开始。"可见，拥有信念是多么重要。

刚毕业的时候，我的月薪仅有两千多元，但当我得知我当时的老板把他赚到的第一笔钱，用作去中欧国际工商学院学习的学费，以实现自我提升时，我深受触动。当时，我的心里就种下了一颗种子：我今后也一定要去中欧国际工商学院学习。要知道，那时该学院的学费已达到了每年几十万元，而我当时只是一个身无分文的穷小子。然而 13 年之后，我竟真的在中欧国际工商学院的校园里学习了。

而在关停业务，离开公司之后，我确实有很长一段时间感到迷茫。2021 年底，我放下一切，静下心来，认认真真地思考：我内心到底想要什么？最终，我决定了接下来要做的事情，并在日记本上写下：我要写一本书，把自己近 20 年的学习、职场和创业感悟，进行系统化的梳理和输出。这既是我对自己过去 40 年人生的小结，也希望能帮助一些走在前行路上的人。结果，经过 1 年多的认真准备和梳理，《把自己变成稀缺资产》在 2023 年 9 月正式上市。两年之后的今日，它已经成为一本拥有近 50 万线上线下读者的畅销书，这完全出乎我的意料。

其实，在人生中的很多时候，你相信什么，最终你自己就会成为什么。

为何"所想能如愿"呢

在很多人看来，上述这些故事听上去似乎有点神奇，仿佛只要心有所想，就能皆如所愿。事实上，其中的道理很简单。

我们内心所相信的想法，也就是所谓的信念，皆建立在长时间的静思及自我认可的基础上。它不被外在的噪声干扰，不被他人的评价左右，也不为路途艰难而退缩。我们内心坚定的信念，绝非一朝一夕间就能建立，而是经过内在长时间的累积逐渐形成的。因此，它具有坚不可摧、不达目的誓不罢休的特征。它就像星星之火，可以照明，可以燎原，可以持续为我们供给能量。

同时，信念也具有多样性，人人皆可建立属于自己的独特信念。这些信念可能与财富、影响力、地位、爱有关，也可能与你自己赋予的独特意义有关。

心理学家维克多·弗兰克尔曾被关押在集中营，在那样随时可能毙命的恶劣环境中，对妻子的爱成了他坚持生存的动力之一。他在《活出生命的意义》一书中表达了这一观点："没有什么能阻挡我的爱、我的思想以及对爱人形象的回忆。"而"深爱妻子"这个简单有力的信念，绝非弗兰克尔在被投入集中营的那一刻形成的，而是源于他与妻子漫长的相处过程。也正是这种深深的爱，加上其他信念，给他提供了源源不断的"活下去"的动力，支撑他坚持到最后，使他最后能够生存下来。

同样，正是因为有"一定要把 20 年的学习、工作、创业感悟梳理出来并分享"这个强烈的信念，才使得我在创作中途没有放弃，最终得偿所愿。

你可能不知道，在我的最终稿确定前，我至少写过六版稿子，全都被"无情"退稿。每被退稿一次，我都质疑自己一次，甚至产生过"干脆不出书了"的想法。最后，是"我一定要写完这本书"的坚定信念，让我在自我否定后又重新站起，静下心来，一点点修改，一点点提升稿子的质量。最终，在半年之后的一天，我的稿子获得了通过！

可见，信念确实能给我们以无穷的力量。但我们也看到，信念的达成并非一路坦途，如果我们自己没有足够的韧性，是不可能达成结果的。这个世界上，本来就没有永远平坦的路，所有的捷径都会有相应的代价，所有的轻而易举背后，都是无数次沉重的托举。而在前行的路上，那盏照亮我们、给我们力量的明灯，正是我们坚定的信念，它是我们内在能量的核心源泉。如果没有这一源泉，孙正义就不可能成功，弗兰克尔就走不出集中营，我也写不出《把自己变成稀缺资产》这本畅销书。

认知神经科学也证实，当人怀有坚定信念时，其大脑就会释放多巴胺，形成"自我驱动力闭环"，助力他达成目标。

因此，所谓的"所想皆如愿"，前提是要有坚定的"所想"，也就是要有坚定的信念。只要内心装上了信念的引擎，它就能持续地给我们供给能量。当我们迷茫、困顿、无力时，它就会一次次给我们指引，让我们重整旗鼓，跌倒后再爬起，保持韧性，最终"如愿"达成目标，正所谓：念念不忘，必有回响！

现在，我们知道了自己感到无力迷茫是因为缺乏信念，知晓了信念带给我们的无穷力量，也懂得了信念的实现逻辑。那么，你可能会问：我如何才能建立起自己的信念系统呢？

接下来，我就将分享帮助我们建立良好的信念系统的具体方法。

如何建立属于自己的良好信念系统

首先，内核扫描，找出你的高频兴奋点、需求点。

要明白，没有一个信念是突然降临的，没有一个信念的建立是一蹴而就的，建立信念需要我们将自己暴露在各种可能性中，持续尝试，从心出发，找到自己喜欢、热爱的方向，找到自己的"高频兴奋点"，然后再静下心来，认真思考，最后做出决定。

我之所以写书，并不是因为从一开始就想写书。其实在业务停下来之前，我还想过尝试一些其他业务，包括电商、自媒体等，甚至将其中一些想法付诸了实践。但最终我发现，这些都不是当时的我最渴望、最想做的事情。

我静下心来，一连很多天端坐在书桌前，认真思考：我在人生的这个阶段到底想要什么？到底什么样的状态能够让我平衡工作和生活，既能结合自己的优势，又可以帮助其他人，同时还能创造一点点收入？那时的我已有两个孩子，我需要花一些时间陪伴他们，而经过 16 年的工作和创业，我也有了一点经济基础。因此，我想到我或许应该停下来几年。

但要做点什么呢？我最终的选择是写书：一是因为写书能让我拥有比较自由的时间安排，可以有些时间来陪孩子和自我学习；二是我自己比较喜欢写作，已经坚持写日记近 30 年；三是写书的过程，可以让我更好地总结和梳理过往的经验，也可以让我更好地开启人生下半场；最后，如果书的销量不错，还可给我带来一定的经济收入。我相信，只要我静下心来，就一定可以把这件事情做好。

因此，我"写书"这个信念的建立过程，经历了大量尝试，结合了我的优势和我当时人生阶段的需求，并且需要我静下心来，进行大量认真思考。这足以说明，信念的建立并非一蹴而就。

其次，信念一旦确定，就需要持续不断地实践及验证，以持续优化和增强信念系统。

我在确定了写书的想法后，就开始着手准备，不断联系出版社，了解出书流程。在下笔之前，我咨询了好几位出版行业的朋友，以了解出版流程和规范。最终我决定挑战一把，让市场验证我，于是选择了签约出版，难度比自费出版大得多。

进入写作阶段后的艰辛，前文已有谈及。在写作过程中，最重要的就是切勿自我陶醉，而是要以读者为目标；对我来说，这是一个很有意思的挑战，也是一个全新的机会。

《把自己变成稀缺资产》在出版后，收获了大量正反馈。一个读者说："这本书，就像在黑暗的十字路口为我点亮的一盏灯。"还有一位读者的反馈让我动容："我抑郁了十几年，在看到您的书之后，我感觉自己重新活了过来……"

这些正反馈给予了我巨大的力量，进一步强化了我"写书"的信念，并让一个更坚定的信念在我心中逐渐形成：我要在五年时间里，完成三本书的撰写（包括您现在正在读的这本）。因为我还在拍摄一部基于"百位百岁老人访谈"的纪录片，所以我也准备以他们为背景写一本书。这三本书都将和"生命力"这个主题密切相关，组成我要撰写的"生命力三部曲"。而我坚信，有了这样坚定的信念，我一定可以完成这件事。于我而言，这既是对自己以往想法的梳理，同时也可能帮助到其他人，何乐而不为呢？

最后，一定要持续迭代升级信念系统，使之与时代相呼应。

刚开始工作时，我并不认为写书这件事重要。那时，我认为学习工作经验、跟对上级很重要。有一次，有个非常紧急的招标方案，需要立即撰写，但别的同事都下班回家了，我主动说："要不让我试试吧。"那个晚上，我身价过亿的上级，和我一起通宵加班，教给了我在方案撰写中需要注意的很多细节，这段经历令我至今难忘。那时，"学习经验"就是我的信念。

工作几年后，我发现赚钱这件事对我来说越来越重要，因此我开始尝试职业转型，进入互联网、移动互联网领域，并从策划转型做商务，最后自己创业。在接下来的十年时间里，"创造更多财富"成了我最重要的信念，因为我要生存、要养家。这十年，我夜以继日，几乎把所有的时间和精力，都投入到赚钱这件事上。由于碰到了好的机会和年代，我在经济上终于有了一点基础。

时至中年，又逢得子，我觉得应当"中场休息"一下，用更多时间陪伴家人，并总结、梳理一下过往的经历，才有了写书的念头。可以看出，我在每个人生阶段的信念（重点）皆不相同。就如我在《把自己变成稀缺资产》中所言，我们要实现人生不同阶段的动态平衡。我们需要找到不同人生阶段的重点，如财富、健康、亲密关系、自我迭代等，找到阶段性的核心信念，然后全力以赴。

尼采说："一个人知道自己为什么而活，就可以忍受任何一种生活。"而我要说："当信念成为你的原动力时，每一天的你，都像在向宇宙发送确认函。"

相信读完这一章的内容，你一定能够更好地找到自己的能量源泉，我也在此祝愿你，所想皆如愿！

野蛮生长节奏：
活出你的专属人生节拍

　　总有人在问：那些能量状态很饱满的人，其内在到底藏着什么"能量密码"？

　　在走访近百位高能量状态者，包括数十位近百岁的老人后，我发现了他们共同拥有的"底层算法"——他们每个人都像候鸟，找到了属于自己的生命节律。神经科学证实，当我们的生活节奏匹配自身生理时钟时，前额叶皮层的工作效率会提升27%[①]。这解释了为什么那些近百岁的老者，虽然生活习惯和作息迥异——有人每天精准调配养生餐，有人几十年以来一直用红薯当早餐，有人每天雷打不动地练书法，有人将暴走、唱歌当晨练——却都保持着惊人的生命活力。

　　虽然人生没有标准答案，但每个人都能完成人生的满分答卷。

　　日月星辰，四季轮回，万事万物皆有其节奏和规律，人类也一样。我们常常以为，人生有某种金科玉律般的标准，有某种可复制的完美典范，

---

① 此为特定条件下的观测结果。——编者注

162

但事实上，每个人都是独特的。每个人都可以有不一样的节律，而一样活得精彩。

多元节律：精彩生命的 100 种打开方式

蔡志忠先生曾说，他每天凌晨四点起床，不吃早餐，把自己大部分的时间都投入画画，每天工作十几个小时，晚上只睡四五个小时就够了。这样的习惯他已经坚持了几十年，而且一点都不觉得累，这就是他的节律。他可能是华人漫画史上最高产的画家之一，这是他生命的打开方式，是他的精彩人生。

有一次，我去华与华公司访问，在公司的一个角落，我发现了一堆摞叠着的书。这摞厚厚的书紧靠着墙角，旁边的墙上则有一个刻度分明的标尺。我定睛一看，原来这里堆着的全是公司创始人华杉写的书，如《华杉讲透孙子兵法》等。至今为止，他已经撰写了几十本书，累叠起来已经超过了 1.5 米。身旁的合伙人悄悄跟我说，华杉先生的目标没准就是"著作等身"，依我看，他离实现这个目标也不远了。他是如何做到的呢？

后来，我有幸听到华杉的分享。他提到，他每天晚上一般十点就睡觉了，每天清晨五点起床，起床后便连续写作两个小时，数十年如一日，雷打不动。这两个小时是他的清净时刻，这种作息也是他的最佳节律。他的几十部著作，都是利用这两个小时撰写完成的。清晨写作，使他可以把白天的时间完全投入工作，从而打造出了中国知名品牌咨询公司华与华。他用自己的节律，创造了属于自己的精彩。

　　年轻的滑雪冠军谷爱凌坦言，自己每天最重要的事情是好好睡觉，每天至少要睡 10 小时。她说，只有睡够了，她才有足够的精力玩耍和运动。她不仅在滑雪运动中出类拔萃，而且在 17 岁时就以 1580 分（满分 1600 分）的优异成绩被名校斯坦福大学录取，这是她的精彩。谷爱凌喜欢睡觉，喜欢吃烤鸭、排骨和涮羊肉，这是她的节律。而与她几乎同龄的网球冠军郑钦文，则主要吃鸡胸肉和西兰花，每天凌晨四点起床练球，每天只休息六个小时，这是她的节律。虽然节律与谷爱凌不同，但这并不影响她在赛场上精彩的表现。这两种不同的节律，就像是两种不同的计算机操作系统，都能流畅运行，关键在于，不同的人要找到最适合自己的版本。

　　由此可见，虽然每个人的生活节律各不相同（见图 16-1），但都能让人呈现出旺盛的生命力，取得非凡的成绩。这印证了那句老话："条条大路通罗马。"

图 16-1　生命精彩的 N 种打开方式

　　正如一座生机盎然的植物园，其中既有在阳光下向阳而生的迷人向日葵，也有在月光下静静绽放的月光花和夜来香；既有参天入云的乔木，也有贴地而生的青苔。它们各有自己的生长节律，却同样在这个地球上存在了亿万年，呈现出同样蓬勃的生命力。生物多样性，是生态繁荣的基石，而人和社会的关系也是如此。

每种生物的节律不尽相同，同样，每个人的生活节律也不可能完全一样。我们需要找到自己专属的生命能量节律。找到它，你就能活出独一无二的精彩。

只有找到自己的节律，才能够步伐轻盈

我们在这里提到的节律，通俗来讲就是属于每个人自己的节奏和规律，包括自己的爱好、习惯等。只要活在属于自己的节拍里，你就能呈现饱满的能量状态，拥有旺盛的生命力；只要活在这种属于自己的节奏里，你就能步伐轻盈，毫不费力地前行。

我女儿在七岁前，曾尝试参加过不少课外兴趣班，包括舞蹈、演讲、机器人、轮滑、球类等。而最终，我发现，她对画画这件事情有独钟。对于其他兴趣，她虽然可能会出于好奇学上一阵，但几节课后，等热情消退，她就不想再参加或干脆放弃了。唯有画画，让她安静了一个暑假。她每天能画两三个小时甚至一个下午，构图、描线、着色，忙得不亦乐乎。到了下课时间，她还不肯离开。我能看到她眼里的热爱和专注。这就是她的节律。在这个节律中，她的能量被激发，不断释放着自己的想象力和创造力。对她而言，花两三个小时画画不是一件辛苦的事，而是一种我们无法体会的享受，这或许就是所谓的"心流"状态。

如果你尝试过跑步，你就会知道节律是多么重要。

10 年前我刚开始跑步的时候，没有接受过什么系统性训练，更不懂掌握节奏，也从来不戴心率手表，就知道猛跑。

在练习跑步三四个月之后，我的单次跑步最长距离纪录达到了 20 公里，于是，我参加了 2015 年举办的深圳全程马拉松。我下定决心，要在活动闭幕前完成人生第一个马拉松比赛（全程 42.1 公里）。在这个过程中，"要跑完"的信念确实为我提供了巨大的动力和能量。跑第一个 10 公里时，我每公里的配速达到了 6 分钟，状态还不错。而跑第二个 10 公里时，我的每公里配速下降到了 7 ~ 8 分钟，心率却已经飙升到了 150 次/分钟。跑第三个 10 公里时，我的脚就像灌了铅一样，步履维艰，步伐完全失去了节奏，还一不小心崴了脚。跑最后 10 公里时，还下起了小雨。等我拖着沉重的脚步到达终点时，活动已经闭幕了。那次经历，就像一场毫无章法的惨烈冲锋。

那次比赛后，我休养了近一年，其间一直没法跑步。2019 年入读中欧国际工商学院后，我有机会和"戈友"（参与戈壁徒步挑战赛的选手）们进行较为系统的训练，才知道节奏对于长跑的重要性。在长跑时，保持节奏的一个要点是控制心率，让心率保持在"有氧阀域"（成年人一般为 130 ~ 150 次/分钟）内，切勿盲目追求速度，并且要注意跑前、跑后的拉伸，还应慢慢积累跑量，每月保持 80 ~ 100 公里的跑量即可。

随着在这个相对舒适的有氧节奏里练习，我的跑步速度竟然慢慢提上去了。结果，那一年年底的深圳全程马拉松，我竟然以 4 小时的成绩相对轻松地完成了。第二年，我又以 1 小时 41 分的成绩完成了珠海横琴半程马拉松。找到合适的节奏，就像是找到了发动机的最佳转速，让我既能保证动力输出，又能避免过度损耗。

在这个过程中，我最重要的一个收获，就是明白了把握好节奏的重要性。跑马拉松时，你不能快步猛冲，因为这样很容易导致心率过高，早早消耗完能量；也不能慢步缓行，因为这样达不到通过有氧运动强身健体的目的。只有找到适合自己的节奏，你的脚步才能轻盈起来；只有找到适合自己的节奏，你才能跑得更远。

而人生，就是一场长时间的马拉松。只有找到自己的节奏，你才能步伐轻盈地完成比赛，跑赢这场人生马拉松。

毫无节奏，累倒自己　　掌握节奏，步伐轻盈

当然，在前行的路上，我们难免会遇到一些暂时性的障碍、一些重复出现的困境、一些令人烦心的事。这些时候，我们该怎么办，又该如何恢复能量，重新回到轨道呢？

我有一个屡试不爽的方法，就是间歇式放空，给自己一小段休息放空的时间。这段时间用来做什么呢？用来做任何自己想做的事。你可以去山林之中小住几天，在清新的空气中与大自然重新连接；和朋友一起去泡个温泉，洗去那些萦绕在身上的烦恼；去国外独自旅行数日，在陌生的环境中感受新奇和惊喜……总之，允许自己做任何想做的事情，允许一切发生，彻底放空自己。这就像是给计算机重装系统，清除缓存，释放内存。

我每年都要确保自己有 2 ~ 3 次假期，每次假期的时长在一周左右。这个节律是在我上大一的时候形成的。在大一下学期返校的路上，我就萌生了一个想法：我想"走遍中国"。此后，每到节假日或寒暑假，我都要出去"穷游"一次。那时，我也不在乎景点人多人少，就是年少好奇，想看看这个世界。不知不觉中，到大学毕业时，我竟然已经去过了中国的20 多个省级行政区的 50 多座城市。最重要的是，我从每次旅行中都能收获不一样的体验和感受，而每一次旅行对我来说，都是给心灵做的一次深度按摩。

参加工作之后，我也一直保持着这种节律，甚至在与合伙人创业期间，我也雷打不动，每年都要给自己放两次假。这种休息和放空，不仅能让我体验不一样的风土人情和不一样的生活，和不同的人交流，更重要的是，在旅游期间，我可以获得新的生命能量。这就像是给人生按下暂停键，让我能够重新审视自己的方向。

2023 年，我在日本福冈和京都前后待了总共半个月时间。在那里，我每天的感受都不一样。我在认真体验了温泉、剑道、花道、弓道后，突然发现人生可以有不同的活法，而慢下来也是一种活法。它和我快节奏的日常工作截然不同。这次旅游结束时，我对时间的感觉都发生了变化：我感觉自己在日本似乎待了好几个月，但其实，我在那里只停留了短短的十几天。这就像是进入了"心流"状态，让时间被"拉长"。

这就是间歇式放空给我带来的价值。人生不只有打拼，我们也需要歇息，这能恢复我们因机械、重复且无法挣脱的工作而耗散的能量。这就像是给电池充电，只有积蓄能量，我们才能走得更远。

我们需要偶尔休息、放空、脱离常规轨道，给平淡无奇的生活，添加一点不一样的颜色。这也应该成为我们生活节律中的重要部分。最终你会发现，从短暂的放空中回归之后，你会恢复生机，焕然一新。这就像是潮汐，退潮是为了更好地涨潮。

由上文中的例子可知，每个人的节律都是不一样的，而适合的节律可以让我们生活的步伐更为轻盈。那么，一个人如何才能找到属于自己的节律呢？

找到自己的节律，活出自己的专属节拍

如果你想要找到属于自己的节律，切勿操之过急。相信以下几个步骤，可以助力你探索和找到属于自己的节律（见图 16-2）。这一过程就像寻宝游戏，需要耐心和勇气。

尝试 → 坚持 → 迭代

图 16-2　找到自己节律的方法

首先，要不断地尝试和总结，只有这样，才有机会找到自己的最佳节律。

以睡觉这件事为例：其实在上大学、上班之后，就没有人限制你的睡眠了。只要你能完成学业和工作任务，基本上想睡多久就睡多久，通宵也没人管。此时，你就需要明确一个标准：什么是好的节律？所谓的"好节律"，就是能给自己提供充足能量、持续动力的生活节奏和规律，包括你的兴趣和习惯。好的节律，是能量的源泉。

例如，如果你晚睡早起也能保持很好的能量状态，那么对你来说，少睡一点也没关系；可如果你午夜 12 点之后睡觉，第二天就会昏昏沉沉，那这样的节律对你来说就肯定不是好节律。在睡觉这件事情上，如果你不先尝试各种组合，再用第二天的能量状态去验证，就很难知道什么是适合自己的节律。实践是检验真理的唯一标准。

我尝试过晚睡晚起、早睡晚起、晚睡晚起、晚睡早起，甚至间歇式睡眠，而且这些睡眠模式还可以在不同的时间点尝试，形成非常多的组合。时至不惑之年，我发现了一种睡眠模式组合，比较符合我自身的节律：第一天晚上 10 点左右睡，第二天凌晨 5 点半就一定会自然醒。醒来后，我会静坐几分钟，再写一下我今天要做的事。如此一来，我这一天的生活和能量状态就非常好。此外，如果能在中午 1 点左右再打盹 15 分钟，下午我就能神清气爽。这就是属于我的最佳"睡觉节律"，它是我经过多次尝试、验证和总结后得出的。找到它，就像找到了专属于我的睡觉"金钥匙"。

其他方面的节律也一样，如饮食、运动、工作方法等，都需要持续的尝试、总结，最终，我们一定能找到一套属于自己的最佳节律。找到它，你就能开启人生的"自动驾驶"模式。

其次，要把好节律坚持下去。坚持，是成功的基石。

当我们找到适合自身的节律时，最开始往往能够坚持一段时间，然而一旦节律被某些事情打乱，就不太容易继续坚持了，节奏乱了，很多事情也就做不好了。多种多样的突发事件，包括处理白天没来得及处理的工作、晚上有人请你吃宵夜、没有辅导完孩子的作业都可能干扰你的节律。这些时候，你该怎么办？诱惑无处不在，在它们面前保持节律特别考验你的意志力。

对此，我的建议是：如果你觉得"睡觉节律"对于你来说更重要，那么其他事情就可以暂时放下。因为根据我个人的经验，在这个世界上，紧急的事情有可能不太重要，而重要的事情有可能不那么紧急，所以按照刚才的假设，遇到那些小的突发事件时，如果到了你该睡觉的时间，就应选择休息，而那些不是那么重要的事情，可以留到早上起来再处理。如果因为睡不着觉导致第二天精神不振，这对你来说才是真正的得不偿失。只有学会说"不"，才能守护你的节律。

我曾采访过著名作词家蒋开儒先生，他曾为《春天的故事》《走进新时代》等著名歌曲创作歌词。他和我说，他早起锻炼的习惯，是从十几岁入伍时培养起来的。现在他已经 90 岁了，而做保健操这件事，他至今已经坚持了 70 多年。我见到他时，他的状态好极了，声如洪钟，目光有神。坚持好的节律，是最好的保养品。

我写日记的习惯也是如此。自 1996 年 3 月起，我就想记录自己的生活，因此每天睡觉前，我都会花一点时间记录一天的心得感受和反思。我坚持这一习惯至今已经快 30 年了，它已经变成了我生命节律的一部分。"写日记"这一习惯给了我很多启发，让我每天都能够审视自己，发现自己哪些方面可以改进，哪些方面值得坚持。我很感恩这一习惯带给我的帮助。记录，是我与自己对话的最好方式。

养成好习惯、坚持好节律确实非常不易，但一旦好的节律形成，往往使我们受益终身。蔡澜曾说，做人很不容易，需要有几个基本准则，这都是父亲教我的：守时、守诺言、对父母亲孝顺、对年轻一辈照顾。做人确实很辛苦，但如果你能做到我讲的那几点，你就可以开始做人，就这么简单。好习惯、好节奏，是成功的加速器。

最后，要与时俱进地迭代自己的专属节律。

在这个世界上，唯一不变的，就是变化本身。

人类很容易形成路径依赖，而时代却在不断地发展。我们需要突破那些已经不再适应时代发展的节律，重新尝试和建立新的节律。从 1996 年到 2016 年，我几乎一直在用纸笔写日记，每年都得准备 1 ~ 2 本笔记本。而现在不仅有了移动互联网，还有很多笔记类应用程序，它们都很方便，并且包含录音和插图功能。因此近 10 年，我改用应用程序写日记，有感而发时，就可以直接拿出手机记录，不仅免去了随时携带纸笔的不便，而且有些想法其实更适合通过电子笔记的形式储存和在线分享。只有拥抱变化，才能与时俱进。

虽然上述例子只涉及工具和行为形式的迭代，但是也代表了一些时代的变化，因为它顺应了目前事物发展的趋势。我访谈过的很多 90 岁以上的老人，他们也在用微信沟通，用应用程序看新闻、看视频、转账，很多老人在使用这些应用程序时都极为熟练。我的这些"90 后"朋友们，正是因为活到老，学到老，才能保持年轻的心态。

再比如，一代人有一代人的教育方式，因此如今的育儿节律，肯定不能与我们受教育时一样。我们应该在原有教育方式的基础上进行改变和迭代，用符合当下情形的新方式来教育孩子，让教育成为激发孩子内在潜能的工具。在保留 60% 核心习惯的基础上，为自己留出 40% 的迭代空间，是让我们的节律与时俱进的终极法则。

在这个强调"标准化成功"的时代，真正的"叛逆"，是活出自己的节奏。

当你不再盲目攀比、照抄他人的"人生课表"时，当你的早餐可以是拿铁配贝果，也可以是豆浆加油条时——恭喜，你已解锁了自己全新的皮实生存姿态：踏着专属于自己的节拍，在人间潇洒前行！

祛魅法则：
成为自己的太阳，无须借谁的光

我们很容易在网上看到其他人的"高光"时刻，而社会中关于"成功"的营销，则诱使我们误以为这才是人生的常态。就像某社交平台上"年入百万"的人总是"一抓一大把"一样，这些虚假的包装让我们难受，却又让我们不由自主地对自己不满。

"魅"的诱惑：我们为何会迷恋

"魅"这个字在这里，是形容人或事物具有迷惑性、具有摄人心魄的特质。我们对长相好、工作好、性格好的人，很容易产生某种欣赏的情绪。他们可能激发我们内心的某种动力，让我们一点点努力，一点点往前走。

大学毕业刚参加工作的时候，我总会对某个领域的精英们，无论是明星、作家，还是企业家，怀有某种敬畏和向往的心理，甚至特别关注他们的行踪和动向。如果能与他们见上一面，那更是令我激动万分，甚至有时做梦时，我都在想：我是不是也可以成为像他们那样的人？

2022—2023 年，一档自媒体商业访谈节目火了。访谈者是一位出生于 1993 年的小伙子，形象很好，声音又有磁性，提问时冷静中带着几分犀利。他的采访对象多是成就斐然的 90 后平民创业者。"你一年赚多少钱？""如何做到的？"这些话题，瞬间俘获了很多短视频用户的心，加上访谈者强大的个人魅力，让他迅速吸引了大量粉丝。我自己也经常看他的节目，越看越觉得这个小伙子制作的节目确实精彩。据说，他在商业变现方面也做得极为成功。

从上述故事中，我们可以清楚地看到，人们是如何对"魅"痴迷的。认知科学中的"光环效应"，恰能解释这种集体执念：我们总是不自觉地将一个个体或群体在某方面的卓越，在自己的头脑中泛化成全方位的完美，就像自动给偶像加了"美颜滤镜"的粉丝一样。

"魅"的心理学：我们为何会自我洗脑

"魅"的形成其实很简单，这一过程涉及两方：一方是释放"魅力"的主体，我们暂且将其称为"偶像"；另一方是接受"魅力"的受众，我们暂且将其称为"粉丝"。

偶像通过短视频、短剧、直播、新闻等途径，持续传播自己的声音和形象等信息，而粉丝则通过感官与意识，接收、识别、认可这些由偶像传播的信息。在这个过程中，粉丝不仅会对偶像传播的信息越来越认同，还会对偶像本身产生强烈的归属感。

偶像

粉丝

为什么粉丝这么轻易就认同了偶像传播的信息？为什么粉丝会倾向于对某些个人或群体产生归属感，乃至呈现出痴迷状态呢？

原因之一，是自我的匮乏。

一般而言，人们往往有对"丰盛"的内在需求，大体遵循"缺什么就补什么"的规律。你不妨留意一下自己的朋友圈，那些常常晒奢侈品、亲密关系或幸福生活的人，很可能此前从未拥有过这些东西。他们通过"晒"这种行为，来填补内心的匮乏感。

那么，粉丝又为何追逐偶像？这很可能是因为偶像身上具备粉丝所没有的特质：形象、名声、能力、影响力等。偶像的这些特质会让粉丝觉得，好像只要靠近他们、追逐他们，自己就获得了某种力量。

原因之二，是偶像替我们实现了自己的愿望。

近几年，脱口秀类的节目特别火，其中的演员极具魅力，成为许多人的偶像。为什么？其中一个非常重要的原因，就是这些节目中的演员揭露了我们想说却说不出来的东西，成为我们的"嘴替"。

例如，当今一些年轻人将演艺明星作为自己的偶像，他们这么做的原因之一，是偶像满足了他们对理想生活的幻想。比如，偶像唱出了他们想唱的歌，出演了他们想看的故事，创作出了他们想创作却创作不出的作品。而我当年之所以会把一些企业家奉为偶像，正是因为他们在当时创造了我梦寐以求却创造不了的财富和影响力。在追捧他们的过程中，我仿佛也像他们一样，实现了自己的梦想。

随着社交媒体的全面普及，在信息洪流中，我们更容易被叙事魅力而非事实逻辑征服。可是，这些偶像给予我们的力量，这些美好的想象，真的可靠吗？

幻灭：当"偶像"的光环褪去

当然不是，这个世界上不存在永远的神话。

在我们慢慢成长起来，尤其是步入中年之后，就会发现很多从外界获取的力量，似乎都无法持续太久；很多由偶像营造的美好假象也如梦幻泡影，很容易破灭。

我曾经很崇拜一位企业家，然而，他的"商业帝国"，在资金链断裂后轰然崩塌。而我们之前合作时他拖欠的一笔高达几十万元的款项，也因为他后来杳无音信，只能作为"坏账"处理。

偶像形象的幻灭，让我认识到：我们唯一能做的，就是做好自己，并成为自己。任何一个人都有很多面，而所谓的偶像展现在我们面前的，或许只是最美好、最成功的一面。于是，我开始逐渐摒弃自己那些盲目的景仰和崇拜。

虽然在某个阶段、某些时候，"魅"确实为我们提供了如"安慰剂"一样的力量，但是这终究是从外部获取的力量。伴随着"偶像"的崩塌，曾经偶像所带来的力量感也会瞬间消散幻灭。但与此同时，这一过程也会让我们在某种程度上觉醒，开始走上真正的"祛魅"之路：不是从外在的"偶像"身上寻找力量，而是从自己的内在寻找力量。

所谓祛魅，在这里指的是消除"偶像"身上的神秘色彩和理想化光环，使我们不用仰视偶像，而能以理性的力量，驱散对他人的过分崇拜，以更为客观的方式看待其真实面。

"祛魅"的必要性：为什么我们需要打破滤镜

不少偶像，尤其是当下的部分网红，往往是通过过度包装、过度渲染的方式，持续强化和展示其具有"优势"的一面。对于缺乏足够认知、内核不稳的粉丝来说，这很容易形成某种"上瘾式吸引"，极易消耗他们有限的注意力和能量。

举个简单的例子：我们常常看到有些人发布在朋友圈里的精致生活图文视频，并因此自我怀疑：为什么他们的生活如此美好，而我却没有这种生活？这一过程，就可能造成对我们有限能量的持续消耗。

但如前所说，"魅"的形成并非全面客观，而是通过强化其优势并掩盖其劣势的方法，造成人们的认知偏差。这一现象在心理学上叫做晕轮效应，也叫光环效应。

以上文提到的那位我曾经很崇拜的企业家为例：在媒体上，他的公司被包装得极其光鲜亮丽，让人形成了这家公司很有实力的错觉，却看不到它在内部财务、管理等方面的危机；一旦资金链出现了问题，它便兵败如山倒，一个被精心打造的"商业帝国"瞬间崩塌。

现实生活中，尤其是自媒体平台上，充斥着大量经过精心包装的内容。这些内容讲述的故事很生动、使用的语言很精致、蕴含的道理似乎很精辟，让我们一不小心就被裹挟，以为它们所讲的就是事实。我们天天被那些或耸人听闻或精致高贵的生活信息包裹，而这些被精心设计出来的内容，大大消耗了我们的能量，却对我们的真实生活几乎毫无帮助。

因此，"祛魅"是为了让我们更理性地生活、更好地恢复能量、更好地找到自己，让我们真正找到自己内在的太阳，而无须借用他人的光。

那么，你可能会问，我们应该如何祛魅，找到内心的光呢？

祛魅行动指南：成为自己的太阳

以下几步，将助力你消除对偶像的过分崇拜，逐步打破自己对那些表面光鲜的事物的"滤镜"，戳破虚幻的彩色泡泡，让我们的内核更为稳定，从而找到自己内在的太阳（见图 17-1）。

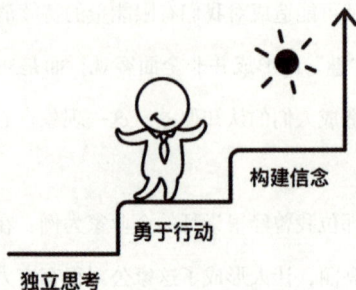

图 17-1　祛魅，成为自己的太阳

第一步：独立判断和深度思考，没有经过深度思考的认知往往不牢靠。

对于接收到的信息，我们不要第一时间就信以为真，而要对其进行甄别和筛选。经过深思熟虑后得到的信息会离真实更近一步，而深度思考也会给你带来某种信心。例如，对于财富问题，我不会因为媒体或同行说"做什么能赚钱"，就跟风去做，而是会思考一些与财富相关的问题。当我对这些问题进行深度思考之后，对于财富这件事情，我就不再会感到那么焦虑、迷茫，因为我知道财富大增长背后的逻辑和规律，并且会因此更加珍惜一些重要机会，而不会盲目采取行动。

如果我们不愿意认真思考，并且没有自己的主见，就容易向外求取，被一些包装出来的"光环"俘获，被外在的信息干扰和左右，而"偶像""网红"们就在这些时刻趁虚而入，逐步在我们的内心占据地位，开始左右我们的决定并消耗我们的能量。

请记住：独立思考，是抵御"魅"的第一道防线。

第二步：祛魅最好的方式之一，就是用行动，使自己成为自己曾经仰望的存在。

当我完成人生的第一场直播时，突然就理解了所有主播的不易与艰辛。具身认知理论证明：当你的身体进入特定场景后，其中的相关互动将影响你的认知系统。

一旦你开始采取行动，"魅"其实就已经被"祛"了几分了，因为"魅"的本质，就是一种不真实的想象。

总之，行动是最好的解药。当你成为自己想成为的人时，偶像的光环就会自然褪去。

第三步：切勿外求，而应回到内心深处，构建内在的信念，找到自己的太阳。

经过深度思考和实践，我们已经可以对外部的信息和偶像祛魅。祛魅的过程，其实也是祛除外在干扰的过程。此时，我们要回归本心，真正开始寻找自己的内在信念和使命，找到属于自己的生命之光。

人真正的核心能量主要来源于内部，而不是外部。而核心能量的来源，正是我们前几章讲到的信念系统，这里就不再赘述。需要提醒的一点是，信念是一个系统。我们需要在成长过程之中，逐渐建立起属于自己的信念系统，其中包括了有关财富、心态、能量、认知、复盘、沟通、成长、教育、亲密关系等方面的信念。信念系统一旦建立，我们就像一艘有了源源不断动力的船，不会再被外在的风左右方向。

信念系统和"魅"截然不同，因为内在的信念可以帮助和滋养我们，而外在的"魅"则可能消耗我们。有了信念系统，我们就有了"心锚"，不再害怕，不再恐惧，不再担忧。如果你自己成为太阳，就能照亮自己，使自己从容前行。

三年前那个对着作家简介页发呆的年轻人不会想到，当他开始用文字构建自己的意义宇宙时，他用键盘敲击出的每个字符都在重组他的认知光谱。祛魅的本质，不是否定他人的光芒，而是认识到：光不在别处，你本就是星辰。

正如荣格的思想所体现出的那样：向外张望的人在做梦，向内审视的人才清醒。当我们在祛魅之旅中完成这三次跃迁——从独立思考到亲身实践，最终建立皮实的信念内核——你就会明白：在人生这趟旅程中，你本就是太阳，可以照亮自己，也可以照亮他人。

痛苦淬炼：
将伤痕变成铠甲

人人都渴望快乐，希望远离痛苦，但痛苦却总是如影随形，难以避免。

想必我们多少都经历或听说过以下的痛苦：信心满满地投资创业，却赔个精光，伤心欲绝；掏心掏肺地待人，却落得不欢而散；或是曾逼自己一把，却在努力过后，发现事与愿违。

有些伤口总会反复开裂

有一次在飞机上，我听一个多年未见的大学女同学讲述了她跌宕起伏的爱情故事：她总是在一段恋情结束后，又匆匆投入下一段恋情，然后重蹈覆辙，在感情中反复纠缠撕扯，似乎永远无法获得圆满。

有些伤痛，就像被按了循环播放键，总是纠缠着你。

刚毕业时我认识了一个同事，他毕业于重点大学。我们一起工作了几个月后，他就觉得工作极度无聊，也不愿意干一些琐碎的事情，于是换了一家公司工作。几个月后，他告诉我自己又辞职了，说这家公司的工作同样无聊至极，没有什么发展机会。然后，他决定从北京前往广州，找到一份工作后，工作了不到半年，又离职了。毕业不过两年，他已经换了五份工作。有一次，他打电话和我诉苦："我怎么运气这么差啊？世界这么大，怎么就没有我的容身之地呢？"最近这些年，我们少了联系，听一个与他比较熟的朋友说，40 岁的他失业了，处境艰难。据说，他在所有工作单位的最长任职时间也没有超过一年。

我有个亲戚，20 世纪 80 年代初期高中毕业后，就一直在外地做些小生意，本分务实，在 2000 年前后赚了不少钱，并在 2010 年衣锦还乡。后来，受市场情绪影响，他开始进行一些高风险投资。最开始确实赚了几笔，这让他很是得意。结果，他控制不住自己的野心，投入了更多的本金，结果亏了几十万元。有一年过年回家，他信誓旦旦地和我说："明年的市场行情定会不错，我要'背水一战'，把之前亏掉的钱赚回来。"结果可想而知，他又一次失败，辛辛苦苦积攒了二三十年的财富，在两三年之内，全部付诸东流。

为什么会这样呢？

我们之所以一再重复同样的错误，是因为我们总是在惯性思维里打转，很少真正反思，同时又渴望证明自己，总是不顾一切地追求想要的东西。如此一来，我们往往会在同样的问题上栽跟头，并因此在失去之后，徒增伤痛与自责。

在行为心理学领域中有个概念，叫作"厌恶损失"，举个例子来说，就是人们在损失 100 元时感受到的痛苦，需要用赚到 200 元时收获的满足感才能勉强弥补（见图 18-1）。有些在投资中失利的人，总想着弥补损失，却往往被情绪裹挟，很少真正研究市场、行业、赛道和标的，这进一步放大了风险，让他们更容易失利，继而反复陷入痛苦。

图 18-1　厌恶损失示意图

同样，有些在情感中"受伤"的人，总试图通过新的情感来抚平旧的"伤痕"，却从未反思自己受伤的原因，于是他们在寻找新的情感寄托时，很容易再次行差踏错，让希望落空，再次陷入痛苦的泥潭。有些在职场上失意的人，也总想在新的公司找到一个更舒适的位置，却很少去踏实做好一件小事，因此反复"跳槽"只会给他们带来反复的痛苦。"重复踩坑"有时并非因为命运不公，而是他们的大脑在舒适区刻下的"惯性车辙"带来的"后遗症"。

既然如此，难道我们就只能任由痛苦摆布，永远活在它的阴影之下吗？

当然不是！与其把痛苦当成敌人，拼命想要摆脱它，不如换一种活法，把痛苦当成朋友，当成滋养生命的养分。在痛苦中学习，在痛苦中成长，这样，痛苦反而给了你脱胎换骨的机会。

不要浪费人生的每一次痛苦！

我清楚地记得，十多年前，我和几个朋友一起吃烧烤、喝啤酒。其中有位刚认识不久的朋友，能力很强，不仅生意做得风生水起，而且口才了得，幽默风趣。我很佩服这位朋友，但同时也感到强烈的"落差感"。当时的我有严重的口吃，又处于刚开始创业的时期，事业毫无起色，并刚刚和女友分手。这位朋友的才气和成功，深深地震撼了我。那一刻，我在心里想：我为什么如此失败？我为什么如此不受欢迎？为什么我不能像他一样？

现在回想起来，那晚的痛苦反思，其实是我人生中一个非常重要的转折点。那夜后，我愈加坚定了两件事：其一，要努力提升自己的能力，让自己能更好地表达自我和与他人相处；其二，必须努力打拼事业，创造更多的价值，毕竟物质基础也是一个人重要的底气来源之一。

于是，我回到深圳，坚定了自己创业的目标，更加努力地为目标奔波。一年之后，我赚到了人生的第一桶金，我的信心也更加充足。在语言表达上，我开始尝试放慢语速，并且把自己讲的话录下来，一旦听到结巴的地方，就反复问自己出现结巴的原因。经过无数次的训练，我的口吃开始有了一些改善。虽然这是一个漫长的过程，但我有信心，坚信总有一天，我能克服语言上的障碍。况且，我已经在一点点进步了。

痛苦并不是人生的漏洞，反而可以成为助力"系统升级"的"安装包"。

尽管人类的基因里刻着趋利避害的本能，但真正改变自我的瞬间，往往出现在我们与痛苦正面交锋的时刻。神经科学研究表明：人在经历强烈痛苦时，大脑前额叶皮层中的谷氨酸盐信号传递会增强，这不仅能增强相关的记忆存储能力，而且会重塑神经突触的链接方式。痛苦不应被视为命运的负担，而应被当作生命的"锻造车间"。

因此，请不要浪费人生中的每一次痛苦。

口吃的痛苦，让我更加认识到表达的重要性：不要说那些啰嗦的废话，而要注意给听者提供情绪价值。同样，听力障碍的痛苦，让英特尔前首席执行官安迪·格鲁夫更加注意倾听客户的声音，最终让他在生意滑坡时扭转了乾坤。如果留意痛苦给我们带来的馈赠，我们就可能收获不一样的礼物。哥伦比亚大学的研究也发现，经历重大创伤后，80%的人不会出现创伤后应激障碍，而是表现出对生命意义的重新认知、人际关系的深化或人生事项优先级的调整。换言之，那些无法打败你的，可能成为你的"超能力说明书"。

痛苦能够成为你的老师，危机也可以转化为机遇。

比如，在投资市场痛苦地铩羽而归之时，我们要做的不是盲目地再次行动，而是要真正反思自己。有一年，我在一次高风险投资中亏损了很多钱，但我也因此发现，自己很容易因投资市场的行情波动而产生情绪波动，这是投资人的"大忌"。自此以后，我再也不盲目投资了。凡是涉及投资的事情，我都会首先评估自己的风险偏好，然后委托给专业的投资人或机构，因为他们的专业能力、可用信息、研究水平都远在我之上。自此之后，我再也不用因投资市场的震荡而痛苦，而且每年还有相对稳定的收益，何乐不为呢？

痛苦不是问题，能否痛定思痛，才是让自己不再陷入痛苦的关键。

和前女友分手后，我痛定思痛，决定不再盲目踏入爱情。我了解了经济基础于爱情的重要性，也更懂得了契合的价值观对恋人来说是多么重要。

而这些都是我在分手的痛苦中，总结出来的教训和经验。

美国心理学家泰德斯基和卡尔霍恩认为：个体在生活实践中，与危机抗争并努力克服危机后，可能会产生积极的心理变化，这被称为"创伤后成长"，也叫黑色生命力。个体在经历了悲伤、压抑或委屈之后，可能会被激发出更强的适应能力，从而更好地应对困难和挑战，改善和他人的关系，重新审视生命的意义，确立新的生活目标等。因此，每一次痛苦的出现，从另一层意义上说，都可以被看作生命的馈赠。正如心理学家维克多·弗兰克尔的思想所表达的：痛苦本身并无意义，但我们可以通过对待痛苦的态度赋予其意义。

你可能会问：作为普通人，我该如何从痛苦中淬炼、获取能量养料，把伤疤炼成铠甲，持续向前呢？"

把伤疤炼成铠甲的三把铁锤

以下三种方法，就像三把"铁锤"（见图18-2），能让你将痛苦锻造为自己的力量。要相信，那些杀不死你的，必将使你强大。

图18-2　把伤疤炼成铠甲的三把铁锤

铁锤一：接纳痛苦，并把它当成机会

在生活中，每个人总有感到痛苦的时候。懂得了这一点，你就有了对痛苦加以利用的机会和可能。

叔本华曾表达过这样一种观点：人生如同钟摆，不断在空虚和痛苦之间摆动，欲望得到满足时空虚，欲望没有被满足时痛苦。完全摆脱痛苦，几乎是不可能的，既然痛苦总会在某个时刻来到，那就允许它发生，把痛苦当成我们的朋友。

当痛苦来临时，我们需要做的是接纳它，而不是一味地排斥或抗拒它。要知道，所有痛苦的来临，往往有其原因，它很可能是一种警示和提醒。如果不涉及生命安危，那不妨相信，它或许有"某种价值"。在接纳痛苦的同时，也要去珍惜它、把握它，不要浪费任何一次痛苦、危机或失败。

女儿刚上小学的那几天，每天都吐。从幼儿园到小学的环境转变，让她很不适应。起初的几天，我和妻子常常接到老师的电话，只能赶紧把她接回家。这确实让作为家长的我们忧心：到底该怎么办？我们既无法强行说服孩子，也不能逼她再次入校。我们选择接纳这个事实，也带她到医院做了相关检查。因为检查结果没有问题，所以我们相信，这只是时间问题，于是便安抚她、陪伴她，等她心情平复后，再和她商量去学校的事。结果一段时间之后，她果然适应了，现在也能每天开开心心地去上学了。

因此，面对痛苦，我们首先要接纳，然后再想办法应对或转化，避免它造成更大的问题，同时让它成为自己成长的机会和养料。

铁锤二：对痛苦使用显微镜，在痛苦中反思

我在《把自己变成稀缺资产》一书中说过：深度反省要趁"疼"！反省的最佳时刻，其实就是自己最痛苦的时候。平日里，深刻观察和反省自己对我们来说其实很难，而出了"问题"、感到痛苦的时刻，反而是我们可以发现自身"问题"的最佳时刻。我们要抓住这些时刻，因为它们值得重视。

上文提到的那位女同学，在经历了多次失败的恋情之后，终于痛定思痛，花了很长时间，深刻反省自己的恋爱观和底层心理问题，最终清楚了症结所在：之前的自己不是在找爱情，而是在找"被需要感"。最终，她遇到了一个朴实温和的男人，两人在相处 1 年多后，最终在 2024 年结婚了。如今，两人的生活幸福甜蜜。上一次见面的时候，她还和我说，两人正打算备孕呢！

与其抗拒痛苦，不如对痛苦使用显微镜，认真地分析它、解读它。正如认知科学家平克在其著作中表达的观点：疼痛是大脑发出的纠错信号，关键在于理解其提示的威胁，而非盲目压制。当对痛苦的"解码"完成时，你就可能看到新的机会和可能。

凡事皆有裂缝，而那正是光照进来的地方！

铁锤三：把伤疤锻造成勋章，持续向前

维克多·弗兰克尔在信念和爱情的支撑下，把所有的痛苦和煎熬，化作使自己生存下去的力量，不畏惧艰难的环境，并且写出了《活出生命的意义》这样伟大的作品。

有过高中复读经历的人，或许都还记得那段比较痛苦的时期。

我曾经就有类似的经历。现在想来，虽然当时复读的压力确实非常大，家里的经济条件也比较拮据，但是我成功地将这些痛苦转化为勤奋和动力，最终一鼓作气走出了一条路。不要让痛苦成为消耗你的力量，不要浪费每一次痛苦，而要珍惜它、善用它。把它当成养料和催化剂，它也将让我们变得愈加强大和美好。

生活不会因为你怕疼就收起荆棘，但你可以选择让伤口长出铠甲，使自己愈加皮实，勇敢前行！

精密控制论：
高手拿捏分寸的底层逻辑

我对一种被称为"推棋子"的桌游印象深刻：这种桌游的基本玩法是在光滑的桌面推小圆盘。如果用力过猛，圆盘就会滑过得分区；如果用力不足，圆盘就无法进入得分区；只有用力恰当，分寸拿捏到位时，圆盘才能稳稳地落在得分区中，使你轻松赢得比赛（见图 19-1）。

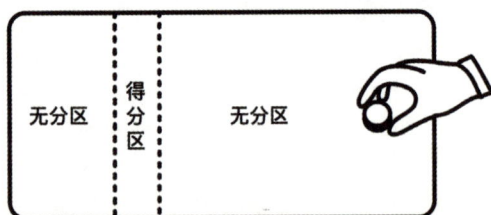

图 19-1　推棋子的游戏

同样，赢得人生这场生存游戏的关键之一，也在于分寸的拿捏。

现实生活中，有些人为人处世游刃有余，轻松自如，始终使自己保持在最佳状态；而另一些人却常常因为把握不好火候，使自己焦头烂额，甚至引火烧身。

难以驾驭的欲望和火候

"思平，我是秀梅，你还记得吗？这可怎么办啊……"几年前的一天，我突然接到一个来自老家的陌生电话，电话那头的中年妇女泣不成声，悲痛不已。了解情况后，我才知道她是我老家的邻居，她和丈夫都年近六旬，在外打工近 30 年，积攒了近百万元。刚回老家不久，两人就在熟人的推荐下购买了一款号称年化收益率高达 20% 的理财产品，并为此投入了大量积蓄。不料，该理财产品"暴雷"，他们的积蓄瞬间化为乌有，这让他们悲痛欲绝。

我很能理解他们的心情：人们在巨大的诱惑面前，往往很难控制自己的欲望。这正如达克效应所体现的那样，能力不足的人往往容易高估自己的能力，陷入自我评估偏差。有些人总想挑战自己的极限，而忘记了控制自己的欲望，以至坠入万劫不复的深渊。

创业第三年时，因为公司的经营渐入佳境，账上也有些资金，我和合伙人都开始有点"膨胀"。我们都觉得，我们一定可以成就更多的事情，于是就开始拓展新业务。在接到一个汽车广告项目后，我们几乎没有进行任何调研，就异想天开，感觉市场前景广阔，并因此开始招募人员进行项目开发，可谓"火力全开"。短短两三个月，我们就在这个项目上投入了超过百万元，结果却没有获得任何成果。我们的狂妄自大、自以为是，完全蒙蔽了我们的双眼。

骄傲是摔跤的前奏，而贪婪往往是装在我们大脑中杏仁核里的定时炸弹。有时，给我们造成损失的，确实是难以控制的贪婪欲望，它让我们用力过猛；而有时，我们也会因为心不在焉或用力不足，而错失机会。

初次创业成功后，我又想尝试做跨境电商，然而由于其他事情的牵绊，我对此投入的精力不足，同时也没有深入调研行业，连招募人才都成了问题，这让我的内心有些犹豫。结果，兜兜转转半年时间，我最终还是放弃了跨境电商这个如今火爆的赛道。这就是因用力不足而导致的机会错失。

那么，为什么做事的分寸如此难以把握，人为什么很容易走入两个极端呢？

分寸为何如此难以拿捏

图 19-2 向我们展现了分寸难以拿捏的三个原因。

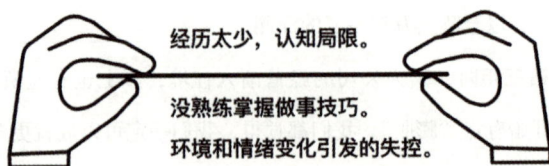

经历太少，认知局限。

没熟练掌握做事技巧。

环境和情绪变化引发的失控。

图 19-2　分寸难以拿捏的三个原因

第一个核心原因是，自己经历太少、实践太少而导致的认知局限。

当一个人只待在自己非常狭隘的舒适圈内时，就不太容易拓展自己的社交圈，也不太关注市场趋势和动态，他的认知就会因此被局限在一个非常狭小的范围里。就像秀梅夫妇，如果他们能在投资一些"高风险金融产品"之前，多问问相关人士的意见，充分了解其风险，或者他们懂得投资的知识，知道投资产品需要多元化和"投资不可能三角"（高收益/低风险/高流动性），就不会把大量资金集中投入风险高的产品，也就可能不会遭受这样沉重的损失。

第二个核心原因是，没熟练掌握做事技巧。

很多技巧，其实需要多次练习，才能熟练掌握，无论是跑步、游泳、钢琴、语言表达，还是其他难度更高的技巧。因为只有经过多次练习，你才知道自己能力的上限和下限在哪里，并逐步找到合适的分寸，而不会过度消耗自己。

就像跑步对于我来说，之前我并没有接受过什么培训，也不清楚自己的心率状态，结果在比赛中受了伤。后来在专业教练的指导下，我买了心率手表，并且逐步掌握了跑步节奏，懂得了在运动中需要使心率保持在合适的区间内，这样做既安全，又能达到锻炼的效果。科比的投篮之所以那么精准，也是因为他每天都坚持凌晨4点起床练球。没有大量的练习，哪来的精准拿捏？

第三个核心原因是，由环境和情绪变化引起的失控。

第三个无法拿捏分寸的原因，需分为两种情况。

一种情况是，时代和环境在持续变化，而我们很容易在面对变化时，变得不知所措，从而误入歧途甚至失控。例如，随着技术的进步和发展，尤其是自媒体、短视频无孔不入的渗透，社交媒体不断推送让人沉迷的信息，让人的欲望很大程度上被这些信息激活，从而让人沉迷在虚拟世界中，欲罢不能，很难脱身，甚至导致意识和行为方面的失控。

关于上述这点，我们只要看看自己的手机使用时长就一清二楚了。有一天，我打开自己的手机一看，才发现自己每天花在手机上的时间，竟然接近七小时，多的时候甚至高达十小时。手机消耗了我们太多的时间和精力，而社交媒体推送的信息又在不断刺激我们的欲望："年入百万""惊奇怪谈""请一定要看到最后"……有些内容并无多少营养，反而只会让我们沉迷其中，带来不安、焦虑，甚至让我们失眠；有些内容则很容易让我们产生误判，比如产生自己能轻松年入百万元等错觉。

这正是历史学家尤瓦尔·赫拉利在《智人之上：从石器时代到 AI 时代的信息网络简史》一书中给我们的警示：社交媒体使用的算法不断"投喂"和刺激我们的欲望，让我们沉迷在虚拟世界中不能自拔，而我们应对真实世界的能力却没有增强。长期在这样的环境中生存，我们的欲望总有一天会有失控的危险。

信息茧房对我们的侵蚀，如温水煮青蛙，因此我们一定要警惕，别让算法偷走自己的思考能力和判断力。

另一种情况则是，当人不能很好地控制自己的情绪，经常发怒、暴躁时，就很容易失去理智，当然也就难以准确拿捏分寸。这与一个人的遗传、教养、成长环境等密切相关。网上有一句话说：一个人的顶级修养是情绪稳定，我深以为然。

时代和观念都在发展和变化，如果我们不能与时俱进、提升认知，又不愿意大胆尝试、持续练习和反思总结，就很难把控面对事物时的分寸。此外，如果我们轻易把宝贵的注意力和精力消散在虚假的欲望中，又容易情绪冲动和失控，就同样很难拿捏为人处世的分寸。

那些轻松拿捏分寸、游刃有余的人

有人即使消耗了很多能量，也依旧无法把控方向。同时，有人却用很少的力量，很轻松地就把事情做成了，显得风轻云淡、游刃有余。他们是怎么做到这一点的呢？

在《庄子·内篇·养生主》里，有个大家耳熟能详的关于庖丁的故事。当被问起宰牛技术为何如此高超时，庖丁回答：

……三年之后，未尝见全牛也。方今之时，臣以神遇而不以目视，官知止而神欲行。依乎天理……今臣之刀十九年矣，所解数千牛矣，而刀刃若新发于硎……虽然，每至于族，吾见其难为，怵然为戒，视为止，行为迟。动刀甚微，謋然已解，牛不知其死也，如土委地。提刀而立，为之四顾，为之踌躇满志，善刀而藏之。

工作状态极佳的庖丁，轻轻松松就分解了一头牛，潇洒得就像在跳舞一样。他完美地展示了一个轻松拿捏分寸、游刃有余的老师傅的状态。可即使是老师傅，也会碰到困难。那他是怎么做的呢？文中提到"怵然为戒，视为止，行为迟"，意思是说，遇到困难的时候，他会非常谨慎，不盲目冲动，将注意力集中。此时，他用刀的速度极慢，动作非常轻微，这样，一头牛就被完美分解了。

我们在遇到困难时，千万不要慌乱，更不要冒进，而是要使自己的内心安定下来，先集中注意力去观察一番，再慢慢去解决，最终，困难往往能被化解。要达到庖丁解牛般轻松的状态，我们必然要经过大量的训练和反思总结，然后才能找到一套属于自己的方法论，最终方能游刃有余、行稳致远。

懂得轻松拿捏分寸的人，同时也是不会让自己走入极端的人，因为他们知道如何精准把握分寸，所以才能进退自如。他们懂得人性、懂得以史为鉴，知道物极必反的道理。无论是古代的范蠡、张良，还是当代的段永平、黄峥等人，都是这样既有大量的实践经验，又有清醒头脑的人。

范蠡和张良在人生发展势头最好的时候，放弃了高官厚禄，见好就收，方得善终。段永平和黄峥在事业达到顶峰时，主动让出位置，退居幕后，还投入大量资金用于公益项目。段永平说，他现在每周打几场球，并且有很多时间陪伴家人。像他这样能轻松平衡家庭、事业和爱好的人，真是不多。

我创业第七年时，虽然公司营业额已经达到了一定规模，但我和合伙人都发现：我们从事的整个行业其实已经式微，利润下滑，并且有亏损的风险。我和合伙人经过认真思考，最终决定关闭公司。如果当时没有及时停下来，而是继续向这个已呈颓势的行业投入资金，我们就很可能在接下来的几年时间里，把之前赚到的利润倒亏进去。因此，在那个关键的时间节点，我们也算做了一个正确的选择。

而做出这个正确的选择，依靠的是我们在创业过程中，几次寻找"第二曲线"的失败经验、对很多同行公司失败经验的总结，以及对市场形势和周期的预判。

可见，在一些人看似轻松拿捏分寸的表象背后，其实有着大量不为人知的实践、付出和反思。在这个世界上，其实从来就没有所谓与生俱来的游刃有余、轻而易举。那些人每一份看似来得轻而易举的成功背后，其实都有长期的付出，他们都是经过大量的实践和反省之后，才做出了正确选择。

精准拿捏为人处世的分寸，确实不是一件容易的事。那么，对于普通人而言，又有什么简单易行的方法，可以助力我们更好地拿捏分寸呢？

掌控分寸感的三行代码

掌握以下"三行代码"，将助力您成为拿捏分寸的高手（见图19-3）。

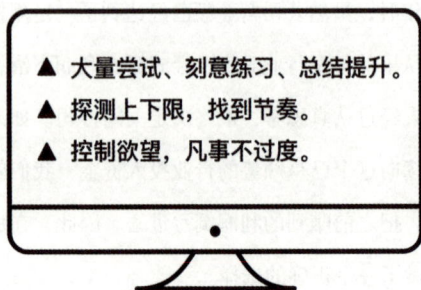

▲ 大量尝试、刻意练习、总结提升。
▲ 探测上下限，找到节奏。
▲ 控制欲望，凡事不过度。

图 19-3　掌握分寸感的三行代码

代码一：大量尝试、刻意练习、总结提升

如果你没有体验和实践过这些事情，你怎么能知道这些事情的轻重缓解，又谈何拿捏呢？

就拿烧菜这件事来说：很多人因为没烧过菜，所以在前几次烧菜的时候很可能将事情搞砸，这再正常不过了。每次，只要有人来我老家做客，都会称赞我父亲的菜烧得好吃。他无论做什么菜，火候、油盐都能掌握得恰到好处。为什么他能做到这一点？因为他从 1974 年入伍起，就在炊事班负责烧菜，后来退伍后，又在家乡中学的食堂做了 36 年厨师，老家每每有红白喜事，人们都喜欢叫他掌勺。可以说，他在过去的半个世纪里，几乎烧了无数道菜，正是因为他在"烧菜"这件事上反复实践和操练过无数次，最终才能拿捏烧菜的分寸，做出人人称赞的佳肴。

不仅如此，我父亲还喜欢记笔记、做总结。我曾在老家的衣柜里，翻出一本记录做菜过程的笔记，里面记录着：什么食材搭配什么食材口味更佳、油盐放多少更适宜、不同的搭配可以做出什么菜品……这些总结和反思，也进一步强化和提升了他对烧菜这件事情的认知。

有空的时候，他还喜欢和厨艺好的师傅交流。而自从有了短视频平台之后，他还能与时俱进，通过网络学习有价值的东西。前几年在深圳的时候，他经常会买些之前没用到过的食材，然后再看着视频做些新的尝试。这一系列的行动，以及他沉淀了半个世纪的经验，都让他的烧菜技术日趋炉火纯青。

代码二：探测上下限，找到一个最适合自己的节奏

以跑步运动为例，虽然我们都知道运动对于身体健康的重要性，但是运动中还是有诸多讲究的。例如，如果你需要减脂，那么最有效的运动类型是有氧运动。有氧运动有特定的心率区间（一般成年人在 120 ～ 150 次 / 分钟）要求，如果你只是单纯走路，就达不到有氧心率；而如果你跑得太猛，就可能超过自己的极限心率，不仅达不到减脂效果，反而可能发生危险。

因此，当你确定需要做有氧运动，也知道了相关心率的上限和下限时，你就可以在运动时找到一个适合自己的心率。例如，我平时跑步时的心率，一般保持在 130 ～ 140 次 / 分钟，这让我感到非常舒服。我既不会和别人比配速，也不刻意去打破纪录，因为我知道，对我来说，跑得舒服、跑得健康，比跑得快更重要。

代码三：控制欲望，凡事不过度

"驰骋畋猎，令人心发狂，难得之货，令人行妨。"老子的这句话，翻译过来就是：纵马狩猎使人心神狂乱，稀有珍宝使人行为失德。也就是说，过度的欲望会让人脱离正轨，身心失衡。

人的精力是有限的，但要平衡的事情却很多，包括工作、家庭、身体健康等。有时候，我们与其拼尽全力地去做好每件事，不如更好地去取舍和平衡。例如，我们不能为了追求财富而失去健康和亲情，因为这样往往会得不偿失。

同样，在孩子的教育这个问题上，虽然每对父母都希望自己的小孩优秀、有出息，但在这种情况下，有些父母会表现得非常急切，控制不住自己的欲望，反而忽略了每个孩子自己的成长节律，导致拔苗助长。

我的做法是，只给孩子设置一些底线和原则，如有礼貌、爱运动、自己的事情自己做。除此之外，在完成了基础的作业之后，他们可以尽情地玩耍。每个周末，只要有时间，我们一家人就一定会去户外玩上半天或一天，地点和活动不限；每年寒暑假，我们也会给孩子安排为期10天左右的出游。在我和爱人看来，孩子的开心、快乐和他们的学习成绩一样重要。

其实人生有点像一根橡皮筋，它的可拉伸程度有一定阈值，如果我们用力过猛，超过了这个阈值，它就会断掉。变得皮实，其实也需要我们保持一定的弹性，无论对财富、健康、教育，还是对其他事物的追求，都不应过度，而应形成一套自己的行事原则和方法。

真正的高手，都是在大量练习后，重建了人生"算法"，才让自己人生的每一步，都能走得游刃有余！

终极命题解码：
不枉人间走一趟的秘密

很多人用一生来探索自己到底为何而活。就像电影《楚门的世界》里的楚门，他曾一直浑浑噩噩地活在被安排好的剧本里，直到发现真相，才开始找寻属于自己的人生。

我们来到这个世间，到底该如何度过自己的一生？我们如何活得更有价值、更有意义？这些问题的答案，我和你一样，也探寻了很多年。

虽然我们能从他人口中，从各类书籍、短视频里，获得各种各样的答案，但就个体而言，每个人都可以去寻找自己活着的意义。

存在主义哲学认为，人生的意义不是被赋予的，而是由人自己创造的。

我也是在 40 岁之后的某天，突然找到了自己对于这个问题的答案。虽然只有六个字，但我把它当成我的人生六字箴言。现在，我将它分享给你，那就是"生存、体验、创造"。

这源于我 40 年人生的真实感悟和体验，且听我说。

生存：一切的基石，先有物质基础，再谈诗和远方

小时候我家里很穷，父母常常告诫我：要好好读书，好好赚钱，养活自己，做出些成绩。

刚毕业来到北京时，每次给家里打电话，母亲都会提醒我合理规划金钱，为未来储蓄。我能理解他们"防患于未然"的思想观念，可刚工作的我工资不高，根本存不下什么钱。

三年之后，我仍和当时的女友住在一间破旧不堪的出租房。当我们开始谈婚论嫁，谈到未来要面临的种种现实问题的那一刻，我才恍然惊觉：没有任何经济基础的我，尚不能负担起一个家庭的责任。

这样的想法刺痛了我，也激励我开始努力尝试改变：做点副业，转型做商务，再后来又决定南下深圳创业。我希望能够创造更多的财富，为未来美好的生活构建一定的经济基础。

我在创业七八年后，算是解决了自己基础的生存问题，如愿在深圳买了房子，也认识了现在的妻子，两人顺利结婚、生子。

虽然我们常常喜欢谈论理想和远方，这没有问题，但我想说的是，在当今这个社会，我们需要先练就一些皮实的本领，想方设法地让自己生存下来，因为没有经济基础的美好理想，就如梦幻泡影。因此，我们要抓住一切可能的机会，去创造财富，先让自己口袋中装满"六便士"，然后再静心欣赏"月亮"，这可能是更务实的理想（见图 20-1）。

图 20-1　物质和梦想共有

　　生活不易，为了生存，我们可能需要付出很多，需要出卖自己的很多时间，甚至还得去做一些自己并不是那么情愿去做的事情。与其为辛苦付出感到痛苦万分，不如把为"生存"努力的过程，也变成独特的人生体验，因为体验本身，也是我们人生意义的重要组成部分。

体验生命，在"无聊"中填充"有趣"，痛饮生命这满杯琼浆

　　人生，本来就是一场生命体验之旅。无论是工作，还是生活，与其在无聊中消磨时光，不如把它们当成一趟有趣的体验之旅，也不枉我们来人间走一遭。

刚参加工作时，我进入了北京的一家媒介购买公司，该公司的主要业务是广告招标，每年都要写很多方案，目的是让大客户购买我们的广告资源。这个写策划方案的过程，在很多同事看来，是他们不得不完成的"任务"，让他们感到十分煎熬。

说起来你可能不信，但我竟然在写策划方案的过程中感到有些开心。因为在这个过程中，我需要提前对各行业进行调研分析并整理相关信息。例如，我曾为某饮料品牌写过方案，这需要我对饮料行业、目标品牌及其竞争品牌有全面的了解，洞察整个市场格局，同时还要分析该品牌在其他媒体的广告投放情况，并针对其中的问题提出自己的解决方案。这个过程虽然辛苦，但也很有意思，因为在撰写方案的过程中，我对饮品、汽车、家电、日化、酒类、药品等各个行业都有了初步的了解，对中国的经济发展也有了更具象的认知。

每年的 11 月 18 日，是我前公司的招标日，而每一年的招标日，我都在现场。当看到史玉柱等企业家频频举牌、激烈竞标时，我不由感叹：原来这就是自由市场。我们的任务是在现场收集数据，而在招标结束当天，我和几个负责数据分析的同事，就需要把各广告时段的招标金额、行业、企业的数据整理出来。从不同的数据中，我能窥见各行业的发展走势，这也让我觉得很有趣。看似枯燥的工作，也不一定就真的无趣，我们可以把"有趣"，填充进看似无聊的日子里。

工作不到三年后，我有幸进入了搜狐，它是当时的四大门户网站之一。在那里，我又体验到了完全不一样的工作形态：团队成员形形色色，几乎都是年轻人。公司会组织系统性培训和团建，也有相对松弛的企业文化。在电梯里，我偶尔还能见到张朝阳和大鹏，就是那个导演了《煎饼侠》和《缝纫机乐队》的大鹏，他当时就是搜狐的一名员工。

转型做了商务后，我需要经常和产品团队及技术人员开会，与他们沟通合作手机厂家的定制化需求，在那个时候，我又懂得了沟通的重要性：一方面，我不能忽视合作客户的需求；另一方面，我还需要把这些需求有效地传达给产品及技术团队，使方案实施落地。这也是非常有意思的挑战和体验，在反复沟通的过程中，我也在慢慢成长，更加懂得换位思考和平衡的艺术。

出差对我而言也不仅是工作行程，我会把它当成一次旅行的机会。每次到不同的地方出差，在见过客户、完成工作之余，如果还有点时间，又碰上周末，我就可以去体验当地的美食、美景，见见当地的同学、朋友等。我第一次坐飞机、第一次搭乘游轮出境，其实都是工作带来的"福利"。

把工作当成一种体验，你就可能发现不一样的风景。时至今日，我都非常感谢曾经任职过的几家单位及当时的上司，是他们给了我许多体验工作、体验人生的机会。所谓人生意义，其实很大一部分，就藏在体验这些具体事务的细微之处。

没有工作任务的周末和假期，都是我自己的时间，我一般该休息就休息，该玩耍就玩耍。记得在北京的八年里，我去了很多博物馆和公园。刚毕业的那几年，我经常去许知远创办的单向街书店听讲座，听陈丹青、莫言等的分享。我还常去北京大学、三味书屋、首都图书馆等地听讲座，听过阿城、厉以宁、王蒙、钱理群等的分享。这些都是非常难忘的回忆，简单而美好，不掺杂任何功利心。哪怕是在繁忙的创业时期，我也抽时间去读了中欧商学院、运河商学院、太安私塾、得到商学等，还去了牛津、剑桥等世界名校游学，在这些地方，我能聆听到知名教授、学者和企业家的分享，于我而言是件很幸福的事。

　　人生几十载，如白驹过隙，其中很多日子确实会让你觉得无聊，那何不用"有趣"填充这无聊的生活，好好体验一番呢？人生确实有悲欢离合、酸甜苦辣，但那又何妨？这些都是值得体验的经历。生活就像一盒巧克力，你永远不知道下一颗是什么味道。在跌宕起伏的人生道路上，可能会出现各种不同的境遇，就像酒也有不同味道，这时，我们不妨大胆地开瓶尝尝，尽情体验，何乐而不为呢？

　　这就像我特别喜欢的苏联诗人马雅可夫斯基的诗作所阐释的：痛饮人生的满杯！这样，我们也不枉来人间走一趟。

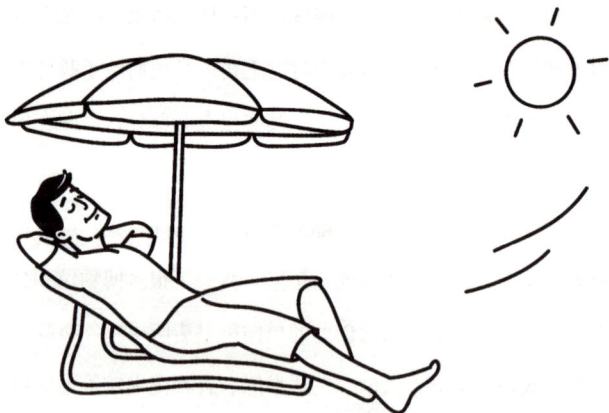

在生存和体验的过程中，我们会变得越来越皮实。在这一基础上，如果你还心有余力，就可以去"创造"了！

创造：给世界留下一点痕迹，哪怕只是一束微光

虽然这个词听上去似乎特别空泛，但我这里说的"创造"，泛指你能为他人做的任何事情，可以是创业、开发一个产品、写一本书、制作一条短视频、做一次分享等。"创造"不分大小，只要你创造出来的"作品"，能够满足他人哪怕一点需求，那就已经非常了不起了。

设计、制造出苹果手机、特斯拉汽车，以满足人们使用和出行的需求是一种创造；制作一部电影、出版一本书，其中有一句话触动了某位观众、读者的心，并且还使他有所行动，让他的生活变得更好，也是一种创造。因为每一个微小的创造，都可能产生意想不到的蝴蝶效应。

我曾在梁冬先生创办的太安私塾听了将近一年的课，除了认识到"打开"自己、放松和有趣的重要性，对我另一个很大的启示就是"作品思维"：我们能做点什么？把自己活成一个作品，而不是成为模仿他人的机械品。这个作品与众不同，而人人皆可如此。

那么，这又该如何实现呢？其中最重要的方式之一，就是自己创造作品。梁冬先生创造了一系列音频、视频和文学作品，不仅有《冬吴相对论》《冬吴同学会》《国学堂》《生命·觉者》，还有《处处见生机》《睡觉宝典》《梁注庄子》《梁品周易》《梁品本草》等数十部作品，其中蕴含着他对人生的感悟和品读。这些作品娓娓道来，都是用心之作，我几乎逐一研读，

从中受益良多。这些作品也让他成为另一个意义上的"梁冬"，成为令人尊敬的梁老师。

受其影响，我也开始了创作。2023 年，我出版了《把自己变成稀缺资产》，你现在读到的《做个皮实的人：穿越人生的顺境逆境》是我的第二部作品，此外，我也正在准备我的第三部作品《民国十三年》。这三本书，构成了现阶段我对人生和生命力的解读。我希望它们能帮助更多人更好地理解生命力，更好地活在这个世界上。如果这些书里的一句话，能够对你有所启发，那就是我莫大的荣幸，足以令我心满意足了！

创造其实无所不在，创作者也不分年龄大小，任何人、任何时候都可以创作。我四岁的儿子喜欢拼乐高和组装玩具汽车，创造各种有趣的造型，这些都是非常棒的"创造"，我都会鼓励他。而 AI 工具的兴起，也给我们提供了更多开发想象力和创造力的机会。我六岁的女儿一度很喜欢用豆包 AI 作画，一玩就是好长时间。有一天，她想象了一辆有一百层楼的房车，每一层各有安排：妈妈在一层做蛋糕，爸爸在二层写书，弟弟、朋友也在不同楼层，爷爷奶奶在顶层还有个屋顶农场……孩子们的想象力和创造力，真是让我惊喜不已。

创造是我们自身才能的展现。与此同时，如果它能给予别人满足感，让这个世界也因此变得不一样，那就更好不过了。正如歌德所说：你若要喜爱你自己的价值，你就得给世界创造价值。创造的本质是表达自我，并影响他人。

现在，你了解了我总结的生命意义的六字箴言：生存、体验、创造。生存是基石，我们要装着便士看月亮；体验是旅程，让我们用有趣填充无聊的日子；而创造既是自我表达，也能为他人带去更多美好。那么，接下来，你可能会问：我要如何才能具备这些生存、体验和创造的能力呢？

生存　体验　创造

如何解锁"生存、体验、创造"三大技能

事实上，任何一个人，天生就具备这三大能力。在这里，我特别送你三份关键行动清单。

清单一：生存"打怪"，别忘赚钱

请记得，在人生的任何阶段，都不要忘记为自己打好经济基础，为未来做准备。

√ 每月开展 1 次"财务压力测试"：假设失业、生病、房租涨价，我是否还扛得住？

√ 用"刷屏法"筛选出 1 ～ 2 项副业："左滑"划走耗时耗力的项目，"右滑"收藏适合自己的变现路径，并勇于实践。

清单二：体验"开箱"，制造意外惊喜

生活的意义不仅是生存，我们一定要留出时间，体验生命：体验爱情、体验亲情、体验失败、体验大自然的美好、体验美食美酒、体验一场说走就走的旅行、体验那些你想做却不敢做的事情。只要你去体验，品味生命的酸甜苦辣，你就一定不会有遗憾，不会后悔。

我的父母从来没有出过国，因此，2025 年过年时，我硬是带着他们去了一趟新加坡和马来西亚。尽管他们嘴上坚持反对，但是去了之后，却还是有了不一样的感受和体验，从他们脸上洋溢的笑容就可以看出来。

√ 每周给自己设定一个"离谱体验"指标：用 DeepSeek 写首诗，或是去一个没去过的地方等。

√ 每天记录一个让你印象深刻的瞬间：为什么喜悦、痛苦、快乐或被触动等。

清单三：创造"副本"，因你不同

无论是去献一次血，在海边或山林进行一次环保探险行，给年迈的父母一个大大的拥抱，还是去开一家餐馆，给他人提供一些地道美食，抑或是去科技公司，创造一款前沿的科技产品，方便人们的生活，这些都是很好的"创造"的方式。请你去做一些力所能及的，同时能让世界变得更美好的事情。

之前，我从没想过要拥抱父母，因为觉得不好意思。而现在每年春节，我在离开老家前，都会给父母一个大大的拥抱。那种感觉真的很好，因为

这个动作会促进脑垂体后叶催产素分泌，促进人与人之间真实的情感联结，不信你可以回家，和家人们尝试一下。

- √ 每天做一件看似微不足道的好事：帮助别人开个门，或者给陌生人一个点头、一个微笑等。
- √ 每个月创造一件"作品"：制作一段美好的视频，写一篇深度文章，或是为朋友举办一场惊喜聚会。

人生不是你无法选择的"盲盒"，而是由你亲手编码的程序。愿你在"生存模式"里"打怪升级"，在体验系统里收集星光，最终输出属于自己的世界"副本"。

最后，我祝愿你：赚钱多多的、烦恼少少的、能量满满的，越活越皮实、越活越美好，不枉人间走一趟！

后记

此刻即未来

朋友，如果你已经读到了这里，那么我要先给你一个大大的拥抱！这意味着你已完成了一趟"关于皮实的修炼之旅"。

你会发现，我写这本书的目的，不是告诉你如何成功、如何成为"人上人"，而是助力你在这个复杂的世界里，活得更丰富、更坚韧、更有力量。

在最初动笔的时刻，我脑海中浮现的，是无数个在时代浪潮中挣扎的身影：他们面对着激烈的竞争、工作的压力，仿佛置身于一场大型生存游戏中，稍不留神，就会被生活"暴击"。于是，我开始思考：有没有什么品质，能让我们在这样的环境中不被击垮，反而能越挫越勇，越战越强？

于是，"皮实"这个词，浮出了水面。

在过去三年里，我走过了数万里的路程，到全国各地，采访了数十位近百岁的老人。我发现，这些老人在历经近百年、见证了诸多变化后，都具备了"皮实"这种品质。皮实即是一种韧性，一种弹性，一种在不确定性中坚定生活，并且仍能奋斗、寻找、探索的勇气，一种即使被生活"暴击"，也能够迅速恢复，并变得更强大的反脆弱体质。

正如塔勒布所说："风会熄灭蜡烛，却能让火越烧越旺！"这就是这本书想要传递的核心理念。

希望你在读完这本书后，不仅能创造更多的物质财富，还能修炼出反内耗的体质，更加有能量地面对生活中的各种不确定性，真正成为一位皮实的人，赢得这场人生的通关游戏，别给生活对你下狠手的机会！

写到这里，我想真诚地感谢一些人。

首先，感谢我的家人和朋友，感谢中欧国际工商学院、运河私董会、太安私塾、墨门书院、青创团、得到知识服务平台，以及读书会的老师、同学的支持和鼓励，他们让我有勇气写下这本书。感谢策划编辑林飞翔先生，是他持续给予我调整建议。感谢编辑和校审团队，是你们的专业和耐心，让这本书得以顺利出版。同时，还要特别感谢王石先生、冯仑先生、俞敏洪先生、吴晓波老师、彭凯平老师、蔡志忠老师，感谢他们对本书的加持和推荐！

更要感谢的，是你，我亲爱的读者。感谢你愿意花时间阅读这本书，感谢你和我一起，思考和探索有关"皮实"的价值，以及成为"皮实的人"的方法，我真心希望本书能够助你一臂之力。

我知道，你也许正面临着各种各样的挑战和不确定性，但我相信，只要你拥有足够的韧性和力量，就一定能穿越人生的顺境逆境，活出属于自己的精彩。

尽管这本书的创作前后花了我近两年的时间，但书中仍难免有诸多纰漏之处，有些论证可能不够严谨，有些叙述可能略显重复。我真诚地欢迎读者朋友与我联系，将你的意见反馈给我。我一定会虚心接受这些建议，感谢有你们！

这本书并不是一个终点，而是一个起点。希望它能给你带去一些启发和力量，哪怕书中只有一句话、一个故事让你有所收获，我就知足了。如果你真心喜欢这本书，请把它推荐给你身边的朋友。祝愿你在未来的日子里，更加富有、自信、从容。

最后，请记住，此刻即未来！从此刻开始，修炼你的"皮实"体质，相信你的未来，一定会更精彩！